证券投资分析：
微观经济分析

张显明 等 编著

中国经济出版社
CHINA ECONOMIC PUBLISHING HOUSE
北京

图书在版编目（CIP）数据

证券投资分析：微观经济分析 / 张显明等编著.
北京：中国经济出版社，2024.6. — ISBN 978-7-5136-7807-0

Ⅰ. F830.91

中国国家版本馆 CIP 数据核字第 2024E9Z031 号

责任编辑	贺　静
责任印制	马小宾
封面设计	财学堂·视觉设计部

出版发行	中国经济出版社
印　刷　者	四川省平轩印务有限公司
经　销　者	各地新华书店
开　　本	787mm×1092mm　1/16
印　　张	12.25
字　　数	211 千字
版　　次	2024 年 6 月第 1 版
印　　次	2024 年 6 月第 1 次
定　　价	99.00 元

广告经营许可证　京西工商广字第 8179 号

中国经济出版社 网址 http://epc.sinopec.com/epc/ 社址 北京市东城区安定门外大街 58 号 邮编 100011
本版图书如存在印装质量问题，请与本社销售中心联系调换（联系电话：010-57512564）

版权所有　盗版必究（举报电话：010-57512600）
国家版权局反盗版举报中心（举报电话：12390）　　服务热线：010-57512564

编委会

主　任　照　雲
副主任　张梦月　刘　进
成　员　财学堂财经教育发展促进研究院

前言

中国资本市场在30多年的发展中取得了显著成就。从交易所的成立到监管体系的完善,从法律法规的实施到市场创新与产品的丰富,再到对外开放与合作的不断深化,中国资本市场已经发展成为一个功能完善、规模庞大的金融市场体系。在过去数十年中,投资承载了许多人的梦想,也让一些投资者获得了可观的财富。然而,市场行情也颠簸不定,给一些投资者造成了严重损失。

在这个日新月异、波澜壮阔的时代,市场中的变化与机遇如潮水般汹涌而至。我们满怀激情和使命,深信财经教育对于每个人来说都是一项非常宝贵的投资。财学堂作为一家深耕财经领域并致力于推动财经教育蓬勃发展的企业,成立近10年来,始终致力于为个人提供财经职业规划,并帮助股民进行财经知识系统化学习,以及协助投资者享受中国资本市场红利。

随着数字化和金融科技的不断进步,金融行业正经历着前所未有的变革。同时,在全球化的背景下,金融市场呈现出多元化和日益高度融合趋势,国际金融活动不断增加,这使得金融行业从业者需要具备更广泛的国际视野和更强的跨文化沟通能力。因此,培养金融人才与推动金融创新、提升人们的金融素养,在当前全球经济环境中显得尤为重要。如今,财学堂推出这一系列财经书籍,旨在满足不同投资者的学习需求,让财经实际投资技术更加通俗易懂,让财经教育系统更加丰富、更加贴近生活。该系列丛书涵盖了技术形态的精妙解析,也深入探讨了微观、中观、宏观经济的广阔天地和趋势政策分析。同时,我们汇聚了学术派的严谨与市场派的活力,全面覆盖了财经教育领域的各个方面。我们深知,财经教育有助于提升公众的金融素养和风险意识,可以帮助投资者更好地理解金融市场的运作规律和风险特征;通过接受财经教育,投资者可以更加明智地进行金融决策,避免陷入金融陷阱和投资风险。同时,可以减少金融市场的信息不对称和投机行为,降低金融风险和金融危机发生的可能性。

通过系统的财经教育，我们可以培养出具备专业知识和实践能力的金融人才，为金融行业的发展提供有力支持；同时，财经教育学习还可以帮助人们更好地进行个人财务管理和企业财务管理，提高经济效益和社会效益。

因此，财经知识不仅仅是冰冷的数字和复杂的模型，它更是一种智慧，是能够指引我们在市场浪潮中稳健前行的"灯塔"。因为投资者的每一次投资决策都是一场实打实的真金白银的较量，我们希望通过这些内容，将对市场走势的理性解读和对行业发展趋势的深刻分析，传递给每一个热爱投资学习、渴望成长的人，让投资者能够更好地理解市场、把握机遇，实现投资的稳定增长。

当然，想要在投资中生存并收益，就必须掌握抗风险的本领，要有全局意识思维，同时要善于总结经验教训，善于学习并掌握一套投资方法。财经知识应该能够被更多的人接触和掌握，而不应该被局限于少数精通金融术语的专业人士，我们的目标是"传承投资智慧，传播财商教育"，真正实现普惠金融。

"一万小时定律"指出，1万个小时的锤炼是任何人从平凡变成世界级大师的必要条件。顶尖的运动员、音乐家、棋手，往往需要花费一万小时，才能让一项技艺至臻完美。同样地，只有经过大量的交易和不断的优化，才有成为专业人士的可能，才可以完成从普通投资者到操盘高手的蜕变。

时间的投入固然重要，但更重要的是持续地学习、实践，并不断反思和调整投资策略，还需要结合市场实际情况，总结每一次的交易经验和教训，从而不断提升自己的投资能力。我们相信，读者通过学习财学堂投资系列丛书，可以在短时间内掌握投资的核心知识和技能，可以找到学习投资的捷径，得到点拨和指引。财学堂希望每一位读者都能从中受益，不仅能够提升投资技能和认知水平，在市场中获得实实在在的收益，还能建构个人投资者职业财经知识体系，为金融行业提供专业人才。

面对数字化、全球化、监管加强等挑战和机遇，金融行业需要不断提高自身的竞争力和创新力。而财经教育作为提升公众金融素养、培养金融人才、推动金融创新的重要手段之一，应该得到更多的重视和支持。未来，财学堂将响应国家政策，致力于培养更具国际化金融视野的高层次财经职业人才，推动中国金融市场的建设与发展。我们希望通过不断的学习和积累，为财经领域注入新鲜血液，使之焕发新的活力和创造力，为金融行业的持续发展和社会的经济繁荣做出更大的贡献。

不忘初心，砥砺前行。财学堂始终秉承"人人都做合格投资人"的办学宗旨。我们相信，在未来的日子里，这些书籍将伴随更多的读者走过市场的风风雨雨，见证投资者们的成长与成功。

目录

第一章　证券投资分析之总论

第一节　证券投资的目的与主体差异　3
第 1 课　证券投资的思维逻辑之投资与投机　3
第 2 课　证券投资的思维逻辑之价值投资　5
第 3 课　证券投资目的之主体差异　7

第二节　证券投资收益与风险　11
第 4 课　证券投资收益构成及投资决策　11
第 5 课　投资收益增长与投资决策　13
第 6 课　证券投资风险与投资决策　16

第三节　证券投资风险概览　19
第 7 课　证券投资策略与投资决策　19
第 8 课　证券投资分析概览　22

第二章　证券投资的微观经济分析

第一节　微观经济分析概述　27
第 9 课　微观经济分析的内容及其重要性　27
第 10 课　财务分析依据及资料来源　30
第 11 课　财务分析的主体和目的　32
第 12 课　财务分析内容及投资分析重点　34
第 13 课　财务分析的传统方法　37
第 14 课　财务分析方法的创新思维　38

第二节　财务信息系统　　41

- 第 15 课　财务信息及披露的质量要求　　41
- 第 16 课　财务报告信息系统　　42
- 第 17 课　其他财务信息　　44
- 第 18 课　财务信息的局限性及其突破　　46

第三节　投资报酬与盈利能力分析　　48

- 第 19 课　投资报酬与盈利能力分析的重要性　　48
- 第 20 课　企业报酬的分层指标体系　　50
- 第 21 课　企业盈利能力分析的指标体系　　52
- 第 22 课　总资产收益率分析　　54
- 第 23 课　资产构成收益率分析　　56
- 第 24 课　净资产收益率分析　　58
- 第 25 课　销售利润率分析　　60
- 第 26 课　每股盈利能力分析　　63
- 第 27 课　股利政策及股利分配能力分析　　65
- 第 28 课　企业价值的市场表现能力分析　　68
- 第 29 课　杜邦模型分析　　70
- 第 30 课　企业盈利能力综合分析　　72

第四节　经营效率及营运能力分析　　75

- 第 31 课　经营效率及营运能力分析的意义　　75
- 第 32 课　影响营运能力的因素及营运能力分析指标体系　　77
- 第 33 课　总资产周转率分析　　79
- 第 34 课　资产周转率分析　　82
- 第 35 课　应收账款周转率分析　　84
- 第 36 课　流动资产周转加速对收入的影响　　86
- 第 37 课　流动资产周转加速对资金的影响　　88
- 第 38 课　营运能力综合分析　　90

第五节　流动性及短期偿债能力分析　　92

- 第 39 课　流动性及短期偿债能力分析的意义　　92
- 第 40 课　企业短期偿债能力分析的指标体系　　94
- 第 41 课　企业短期偿债能力分析　　96
- 第 42 课　资产负债期限结构配比分析　　98

第六节　财务风险及长期偿债能力分析　　102

- 第43课　财务风险及长期偿债能力分析的重要性　　102
- 第44课　长期偿债能力分析的指标体系　　104
- 第45课　资本结构指标分析　　106
- 第46课　偿债保障能力分析　　111
- 第47课　长期负债与资产的配比性分析　　113
- 第48课　杠杆原理及其对资本结构的影响　　115
- 第49课　杠杆利用与财务决策分析　　118
- 第50课　财务风险及长期偿债能力综合分析　　120

第七节　价值创造及发展能力分析　　122

- 第51课　价值增长与发展能力分析的重要性　　122
- 第52课　价值增长与发展能力的有效性　　125
- 第53课　企业发展能力分析的指标体系　　128
- 第54课　资产投资与收入增长的对比分析　　130
- 第55课　收入增长与息税前利润增长的对比分析　　133
- 第56课　息税前利润增长与净利润增长的对比分析　　135
- 第57课　净利润增长与股利增长的对比分析　　138
- 第58课　资本积累增长率分析　　141
- 第59课　可持续增长分析　　144
- 第60课　价值增长及发展能力综合分析　　146

第八节　微观经济的综合分析　　149

- 第61课　微观经济综合分析的意义和方法　　149
- 第62课　微观经济增长的趋势分析　　151
- 第63课　微观经济增长的结构分析　　155
- 第64课　微观经济发展的财务综合评分　　160

第九节　财务分析的新思维　　164

- 第65课　传统财务分析方法的局限性　　164
- 第66课　财务分析有效方法的理论基础　　167
- 第67课　财务分析新思维对资产的认识　　170
- 第68课　财务分析新思维对权益融资的认识　　173
- 第69课　财务分析有效方法的主要内容　　175
- 第70课　财务新思维分析实例　　177

第一章

证券投资分析之总论

第一节　证券投资的目的与主体差异

第 1 课　证券投资的思维逻辑之投资与投机

在参与证券投资之前，投资者必须首先对证券投资有一定的了解和认识，必须明确与投资有关的一些重要认知问题。诸如：我为什么要参与证券投资，尤其是投资股票；我有多大的风险承受能力；如何去思考投资问题并做出有利的投资决策；等等。针对当下流行的一些有关股票投资的说法和现象，我们需要弄清其底层逻辑，梳理好思路，去伪求真，形成系统思维，以正投资理念。有道是："厘清思维，投资不累。"下文的投资、投机均针对证券投资范围。

一、投资和投机的通常解释

关于投资，有多种解释。一般来讲，投资是一个货币转化为资本的过程，是投资者当期投入一定数额的资金以期在未来获得回报的行为。投资具有以下三个特点。

$$投资\begin{cases}目的：获取未来收益。\\过程：货币转化为资本。\\核心：资产。\end{cases}$$

投机通常是指利用价差进行买卖，从中获得利润的交易行为。投机有两个基本特征：一是冒险性，不具备冒险性质的投机活动不属于投机范围；二是通过价格变动获取利润。

二、投资与投机的区别

（一）投资期限

投资主要是指长线操作，偏好有潜质的股票，享受每年的分红；投机主要热衷于短线操作，赚取价差收益，偏好热点股。

（二）投资范围

投资关注的领域广，偏好公司的内在价值、长期增长和成长能力，期望获得长期的稳定收益；投机关注的范围较小，偏好市场热点的行业和板块。

（三）风险与收益

投资收益主要来自公司长期成长带来的利润分红以及价差，来自投资对象产生的财富，单位时间收益相对较低，风险也低；投机的收益主要来自市场预期变化和价格波动，从单位时间收益来看，收益高，但风险也高。

三、对投资和投机的认识

（一）投资和投机相辅相成，互为依存，相互转化

投资和投机都是模糊的概念，界限并不明确，很难进行严格区分。在股票投资中，客观上存在这种转化：投资式买入，投机式卖出，短时间内获得较大收益；相反，投机式买入，无法投机式卖出，持有很长时间。到底是投资还是投机，很难区分。投机的"机"实际上就是机会，而投资同样需要把握机会。但按照通常的解释，投资和投机确实又存在一定的差别。股票投资的风险很大，所以做股票投资时要以投资的心态去做功课，就是要更多地关注社会经济的发展变化，关注各个行业及领域，了解它们的发展前景与发展潜力，寻求内在价值高并且拥有长期增长和成长能力的企业。从专业角度讲，就是既要高度重视证券投资分析，也要把握投资买卖的时机。不能泾渭分明地区分投资和投机，只有这样，才能取得股票投资的成功。

（二）例证：投资成败之教训与启示

在股票投资中，有一种现象很普遍，举一个实例：文某在其朋友的鼓动下进入股市，据说某只股票有庄进入，未来至少有翻番行情，目前的价格为每股10元，文某于是决定现价重仓买入。正如他预想的那样，买入后第三天股价开始持续上行，短短一周时间上涨了30%，此时是卖出还是继续持有该股票？除了此前的传闻，股评人士也说该股票将有翻倍的上涨行情，文某于是决定继续持有该股票。一个月以后，该股票价格达到每股22元，是否要卖出套现？此时，股市一片上涨声，大牛市行情可期。文某决定继续持有，期望获得更高的投资收益。第二天，该只股票下跌8%。文某认为这是高位震仓，股价还将继续上涨，不卖；第三天，该只股票又下跌6%；第四天又下跌5%，连续3天下跌。此时，股价已经到了每股18元多一点。卖？不甘心，文某想等股价反弹到每股20元以上再卖。结果后续几天股价不仅没有反弹，反而继续下跌到了每股15元左右。卖吗？文某认为下跌了30%多，应该有反弹，决定等等再说。结果股价又继续下跌，一周后到了每股10元附近。卖吗？文某心想，反弹了再卖。结果又下跌，股价跌破买价每股10元。卖吗？就这样，股价在"下跌—等反弹"的循环中，一路下跌到了每股5元。卖吗？文某很不甘心，决定再等。股价在每股6元附近徘徊了一年多后，文某终于下定决心卖出该股票，换成了其他股票。但在文某卖出股票的第三天，该股票连续上行，三个月后，股价回到了每股18元左右，而文某置换后的股票价格却一动不动。

问题：文某在这次股票投资中，犯了哪些错误？从他的投资中我们可以得到哪些启示？

错误一：在该卖出时没卖出，而在不该卖出时卖出。

错误二：投资前，没有确定目标投资收益率和止损率。在股票投资中，贪婪很可怕，心态很重要。这是文某此次投资失败的最大问题。

启示一：投资决策没有充分的证券分析依据，盲目买入是很多投资者易犯的错误之一。证券分析在证券投资中至关重要。

启示二：无目标、无策略的投资是投资失败的重要原因。投资者进行股票投资时，首先要确定每年的投资收益率，只要达到了投资收益率，就应该随时根据市场的变化退出，进入休整期；一旦所购买的股票价格下滑到一定程度，投资损失到达止损点时，就应该及时止损。

以上正是一个合规投资者应当具备的思维逻辑。在进行股票投资前，只要掌握合理的思维逻辑，就能轻松遨游股市，稳操胜券！

课堂总结

1. 重要的投资思维：厘清思维，投资不累。
2. 投资、投机不可分，把握机会是根本。
3. 注重证券分析，把握公司的经营及财务状况至关重要。
4. 确定目标投资收益率和止损率很重要。
5. 想要遨游股市、稳操胜券，良好的投资心态和思维很重要。

第2课　证券投资的思维逻辑之价值投资

在股票投资决策中，主要有两种决策类型：一是选股，即买卖什么股票；二是选时，即买卖股票的时间。有一种说法叫作"选股不如选时"；与这两种决策相类似的说法还有价值派和技术派之分，或者叫作价值投资和非价值投资，我们应如何理解？又该如何应用？

一、价值投资及其特征

价值投资，是以获取潜在的股利回报作为主要投资收益的投资理念。价值投资要求投资者必须认清股票的本质概念，买卖股票就是买卖公司的股权，正确地理解这一概念很重要。投资者将在公司不断创造利润、不断提升价值的过程中享受公司成长的成果。价值投资要求投资者研究股票的基本面以精选股票，通过证券估值以合理的价格买入，并长期持有该公司股票，赚取公司股利和成长盈利。因此，选股并估值，进而长期持有，以股利及价值增长为投资目的是价值投资的主要特征。

二、价值投资理念

价值投资理念的出现，最早可以追溯到 20 世纪 30 年代，由哥伦比亚大学的本杰明·格雷厄姆提出。后经伯克希尔·哈撒韦公司 CEO 沃伦·巴菲特使用并发扬光大，价值投资战略在 20 世纪七八十年代的美国受到推崇。

格雷厄姆在其代表作《证券分析》中指出：投资是基于详尽的分析、本金的安全和满意回报有保证进行的操作。不符合这一标准的操作就是投机。他在这里所说的投资就是后来人们所称的价值投资。格雷厄姆注重以财务报表和安全边际为核心的定量分析，以及购买廉价证券的"雪茄烟蒂投资方法"；而另一位投资大师菲利普·费雪则重视企业业务类型和管理能力的定性分析，他是关注潜力股的先驱，创建了以增长为导向的投资方法。简单地说，格雷厄姆要的是好价格下的好公司，安全第一；费雪更看重好公司配好价格，更喜欢潜力股。而巴菲特是集大成者，他把定量分析和定性分析有机地结合起来，形成了价值潜力投资法，把价值投资带入一个新阶段。

三、巴菲特价值投资的六大法则

第一法则：竞争优势原则。只有好公司才有好股票：那些业务清晰、业绩持续优秀，并且由一批能力非凡、能够为股东利益着想的管理层经营的公司就是好公司。最关键的投资分析——企业的竞争优势及可持续性。

第二法则：现金流量原则。价值是企业未来现金流的折现值。投资分析中特别注重现金流，现金流比利润更重要。巴菲特主要采用股东权益报酬率、账面价值增长率来分析可持续盈利能力。

第三法则："市场先生"原则。在别人恐惧时贪婪，在别人贪婪时恐惧。市场中的"孙子兵法"：利用市场而不是被市场利用。

第四法则：安全边际原则。安全边际，又称"安全范围"，是指价格低于价值的部分。安全边际强调估值，并以低于价值的价格买入股票。

第五法则：集中投资原则。最优秀、最了解、最小风险。股票越少，组合业绩越好。

第六法则：长期持有原则。长期持有就是龟兔赛跑——长时间的复利可以战胜一切。长期持有就是海誓山盟——与喜欢的公司终生相伴。

四、对价值投资的认识

随着时代的发展，价值投资越发成为市场关注的热点之一。长期持有的价值投资实例：美国一人在可口可乐公司成立时买了 100 美元股票，三代后这些股票价值 1 亿多美元。但是，市场上真正的价值投资者其实并没有想象中那么多。实际上，巴菲特也并非完全按照上述六大法则进行投资的，但他确实注重价值投资。

那么，如何区分价值投资者和市场上的其他投资者呢？依靠技术分析的投资者很显然不能被称为价值投资者。

在巴菲特的六大法则中，第一、第二法则强调通过证券分析选择好的股票，尤其是强调只有进行证券的基本面分析才能选到好公司；第三、第四法则强调买卖股票的时间，无论是"市场先生"原则还是安全边际原则，都需要通过技术分析来判断；第五、第六法则强调股票投资策略，其中，集中投资是指在投资组合中增加好公司股票的投资比重，而长期持有原则在巴菲特的投资中只是适当延长持股周期，而非真正的长期持有。由此可见，要真正做好股票投资，必须有价值投资理念，注重股票基本面分析和技术分析的结合。

课堂总结

1. 了解价值投资理念。
2. 了解价值投资的基本法则。
3. 要真正做好股票投资，必须有价值投资理念，注重股票基本面分析和技术面分析的结合。

第 3 课　证券投资目的之主体差异

在讨论证券投资分析之前，我们首先要明确以下几个问题：为什么要投资股票等证券；投资目的是什么；不同的投资主体投资相同的证券时，其投资目的及操作策略有什么差异；怎样才能达到投资目的。由于投资主体不同，故其投资目的的差异很大。在回答这些问题之前，首先要明确投资主体的差异。

一、证券投资主体

参与证券投资的主体大致可分为三类：个人、基金、公司。

不同主体的性质不同，参与证券投资的目的也不同；合理投资的理论依据不同，进行投资操作的差异也很大。在三类主体中，个人和基金虽有不同，但也有相同点，公司则是完全不同的证券投资主体。

二、证券投资目的的主体差异

（一）个人投资主体

个人投资主体的个体差异，如资金规模的差异、风险偏好的差异、家庭环境影响的差异等都很大。参与证券投资的一般目的是获取收益。证券投资是个人和家庭理财的一部分，通过投资可以实现财富的增长，提高生活水平和生活质量，实现财务自由。美国一项将本国富人群体作为调查样本，以他们如何从穷人（the Poor）变成富人（the Rich）为目的进行的调查得出了以下两个结论：一是把股权投资当成习惯；二是从现在开始。这个调查结论说明，股票投资是个人和家庭财富增长的重要渠道，要实现财务自由，就必须重视股票投资，而且要从现在开始。问题是如何才能通过股票投资实现财富增长，从而实现财务自由？答案是证券投资分析。如何选择证券、何时买卖等，都需要我们通过证券分析进行判断，即证券分析是证券投资的重要决策手段。

（二）基金投资主体

基金投资主体，包括证券投资基金和私募股权投资基金等。证券投资基金是当今证券市场的投资主力之一。证券投资基金主要有以下特点。首先，追求投资收益。证券投资基金的实质是代为理财，和直接理财一样，都是以获取收益为目的。但是，基金操作人比个人投资主体具有更高的专业度和时间投入度，一般来说，比个人投资具有更好的收益。其次，控制风险。基金的资金规模较大，对选股的要求更高，所以更需要进行证券分析，而且是专业性的、较长时期的跟踪分析，以控制投资风险。为保护基金投资者的利益，基金投资要受到法律规范的制约，以防范人为风险。在风险管理中，需要进行投资组合，以分散单只股票大幅下跌带来的风险，但分散风险的同时也分散了收益；基金投资运作的额度越大、收益越高，巨额赎回的风险就越大，进而影响基金投资运作，因此，还需要控制赎回风险。以上特点决定了基金投资操作不同于个人投资操作。

私募股权投资基金，是指从事私人股权（非上市公司股权）投资的基金，主要包括投资非上市公司股权或上市公司非公开交易股权。私募股权投资基金追求的不是股权收益，而是通过上市、管理层收购和并购等股权转让路径出售股权获利。其中，最典型的操作模式是寻找具有高成长性的高科技公司进行股权投资，然后将其打造上市，上市后再退出投资。这与一般的证券投资基金的证券投资差异很大。

(三) 公司投资主体

公司作为投资主体进行的证券投资（尤其是股权投资，其投资对象可以是上市股权，也可以是非上市股权），其目的可能是获得收益，但经常有更深层次的含义：如服务于其扩张战略或者获取控制权（控制被投资企业）等。这种往往被视为通过资本运作实施的战略性投资，包括扩张战略、收缩战略、转型战略、控制战略等。这种投资是通过股权投资实现实体经济的战略性转变，而不是单纯的股票投资，其投资操作完全区别于个人及基金的证券投资。

这里主要讨论个人股票投资的目的及其投资分析和投资决策。

三、证券投资目的的个体差异

如前所述，个人投资者的投资目的是获得收益。收益是与风险紧密结合的，所以谈收益一定要谈风险。收益是未来的期望收益，而风险则是未来可能收益的概论分布。投资的目的，是实现最低风险基础上的收益最大化，从而实现财务自由。然而，个人投资者的个体差异，如资金规模的差异、家庭环境的影响差异、风险偏好的差异等都很大，导致其对收益与风险的态度和期望不同。这里主要讨论风险偏好的差异。根据风险偏好的程度，个人投资者可以分为三类：风险偏好者、风险中性者和风险厌恶者。

（一）证券投资之自我认知

在进行证券投资前，要对自己进行风险评估，确定自己的风险偏好。如果是风险偏好者，则更喜欢投资高收益、高风险的证券；如果是风险厌恶者，则更喜欢投资低收益、低风险的证券，甚至是稳健型证券。

（二）风险厌恶者的投资决策

风险厌恶者，风险承受能力较弱，求稳是其主要的心理特征，保本及低收益率是其投资风格的主要特征。因此，风险厌恶者往往很少投资股票，一般以存款为主，即使是股票投资，也是选择比较稳健的股票进行少量的投资，其收益小，风险也小。如果是投资组合，那么在其组合中低风险产品占比较高。在我国，此类投资者的流动资产基本上都是存款，少有股票投资。

（三）风险偏好者的投资决策

风险偏好者通常风险承受能力较强，喜欢追求高收益。风险偏好者通常在其投资组合中持有高比例的股票，甚至是单一的股票投资组合，喜欢追逐市场热点，快进快出等是其主要的投资策略。

（四）风险中性者的投资决策

风险中性者介于风险偏好者和风险厌恶者之间，强调收益与风险的平衡，希望做到风险最小化、收益最大化，注重证券分析、投资组合、风险防范策略。

课堂总结

1. 投资目的存在主体差异。
2. 个人投资主体的证券投资目的：收益最大化、实现财务自由。
3. 评估自己的风险偏好，制定适合自己的投资策略。

第二节　证券投资收益与风险

第4课　证券投资收益构成及投资决策

一、证券投资收益的一般解释

（1）投资收益是指期望的未来收益。

（2）投资收益具有不确定性。期望收益是未来多种可能收益的加权平均（以概率为权数的加权平均收益）。

（3）证券投资收益来源：公司的股利派发、证券价差。

（4）在进行证券价值分析时，通常不考虑资本利得，因为价差取决于市场状况和投资操作；只考虑来自公司的收益，即股利收益。而股利收益主要取决于公司净利润和股利政策。

（5）证券投资收益通常用收益额和收益率来衡量。

二、证券投资收益率的构成分析

根据稳定增长模型：

$$R_s = \frac{D_1}{P_0} + g \qquad (1-1)$$

可知，投资收益率由两部分构成：一部分是股利收益率，另一部分是增长率。其中，股利收益率取决于预期股利 D_1（现金股利）和股票买入价格 P_0；而增长率 g 有多种不同的增长率，最基本的是靠利润留存实现的增长，叫内部增长率。

$$内部增长率（g）= 利润留存比率 \times 留存再投资收益率 \times 100\% \qquad (1-2)$$

增长率的高低取决于利润留存的比率和留存再投资的收益率，也就是公司再投资利润率。

可见，影响证券投资收益率的因素有：股票买入价格 P_0；下一年的现金股利 D_1；股利增长率 g，而增长率 g 又包括利润留存比率和公司再投资收益率。

三、不同现金股利和不同增长率股票的市场表现

（一）不同基本面股票的市场表现

（1）以两只股票为例。两只股票的增长率不同，其市场表现的差异很大。例证说明：

增长率本为股利增长率，由于我国股利分配存在不连续性特征，以公司收入和利润增长来代替。

股票 A：收入增长 55.57%，净利润增长 69.22%，股利分配方案："10 转 3 股派 0.7 元。"

相应的股票价格在相同期间从 12.44 元/股一路上升到 20.50 元/股。

股票 B：收入增长 -11.43%，净利润增长 2.72%，股利分配方案："不分配。"

相应的股票价格在相同期间从 8.61 元/股上升到 8.90 元/股。

上述两只股票的市场表现如图 1-1 所示。

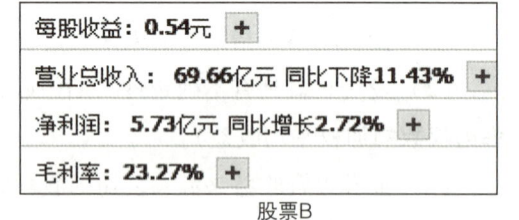

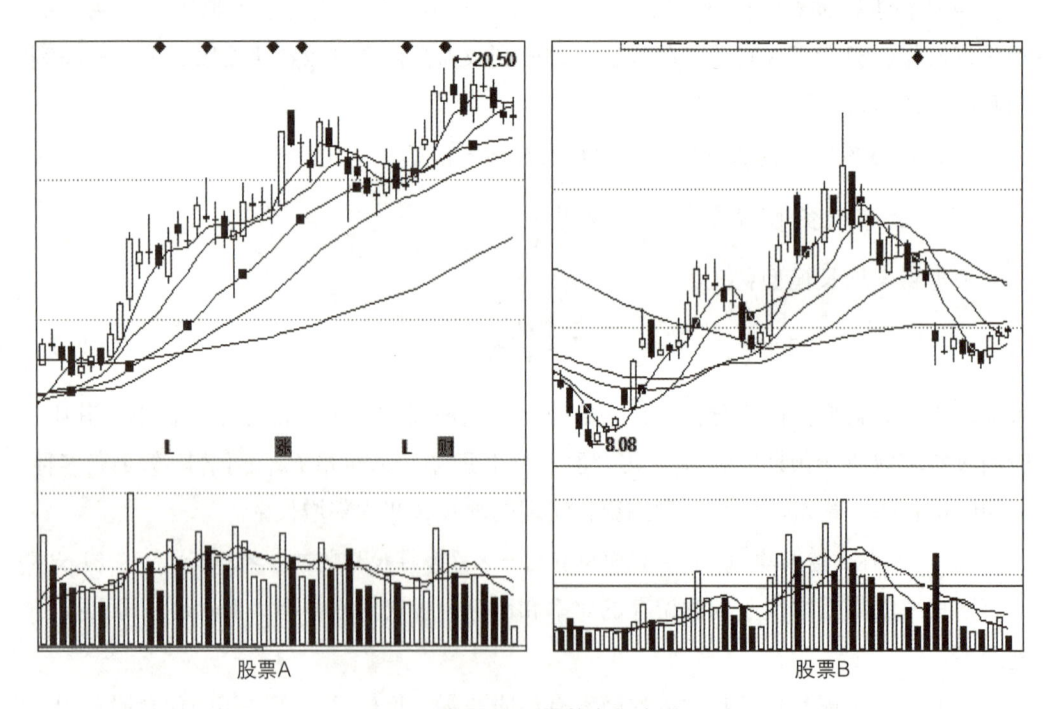

每股收益：0.15元	每股收益：0.54元
营业总收入：12.65亿元 同比增长55.57%	营业总收入：69.66亿元 同比下降11.43%
净利润：1.19亿元 同比增长69.22%	净利润：5.73亿元 同比增长2.72%
毛利率：26.74%	毛利率：23.27%
股票A	股票B

图 1-1 两只股票的市场表现

（2）以招商银行股票为例。同样是银行类股票，绝大多数银行类股票的市场价格都跌破净值，甚至跌破净值一半以上，然而招商银行的市净率却达到 2 以上，并且股价仍在持续上涨。为什么？分析可知，出现这一现象的原因有两点：一是收益高，每股收益高达 3~4 元；二是现金股利高，2021 年的分配方案为 10∶15.22 元。由此提高了来自公司的股利收益率和增长率，促使投资收益率提高。

（二）针对基本面不同因素如何选择股票

（1）选择增长率高的股票投资。
（2）选择高股利分配的股票投资。
（3）高投资收益率股票的买入价格同样重要。

> **课堂总结**
>
> 1. 了解投资收益率的构成。
> 2. 重视股票投资分析，高度关注来自公司的收益增长和股利分配政策等情况。
> 3. 高增长率和高股利分配的股票投资意味着高投资收益率。

第5课　投资收益增长与投资决策

一、收益增长的不同类型

（一）收益增长逻辑

收益增长逻辑如图 1-2 所示。

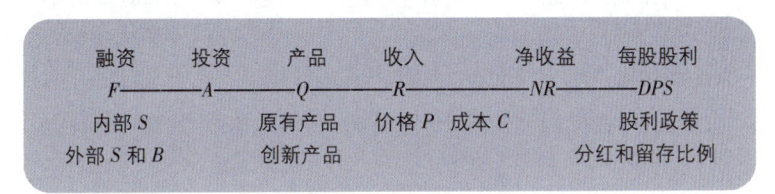

```
融资        投资        产品        收入        净收益       每股股利
F —————— A —————— Q —————— R —————— NR —————— DPS
内部 S              原有产品    价格 P  成本 C              股利政策
外部 S 和 B          创新产品                             分红和留存比例
```

图 1-2　收益增长逻辑

收益增长，是指每股股利的增长。收益增长逻辑说明：假定股利政策不变，股利增长的前提是要有净利润的增长；而实现利润的增长，在成本不变或者下降的前提下，必须保持收入的增长；在价格不变的前提下，收入的增长取决于产品的增长，包括原有产品销售量的提高，或者通过研发不断创新产品，开拓新市场；产品的增长需要增加资产 A 的投资，而投资的增长又需要融资，包括内部利润留存和外部股权与债务融资，这涉及通过投资和融资进行综合分析，得出不同类型的增长率。

（二）不同类型的收益增长

根据实现增长的原动力不同，可分为如表 1-1 所示的五种收益增长类型。

表1-1 不同类型的收益增长

增长类型	投资	融资	增长率类型
融资型增长	再投资扩大规模 Q	内部利润留存	内含增长率
	再投资扩大规模 Q	内部利润留存 同比例负债 资本结构不变	可持续增长率
创新型增长	通过研发创新产品扩大规模 Q_i，市场拓展，收入增长	不同融资方案	可持续增长率
管理型增长	通过加强管理，降低成本，实现利润增长	不同融资方案	低成本增长率
策略型增长	包括市场份额增长、价格策略增长等	不同融资方案	分属不同增长率，如价格增长等
并购型增长	企业规模扩大、营业范围向上下游延伸等	收购融资	并购增长率

实践中，公司收益的增长往往是几种类型的融合，也就是混合型增长。

（三）不同增长类型价值创造的持续性

无论是哪种类型的增长，只要能实实在在地增加收入和利润，创造增量的现金流，就能为公司创造价值。但不同增长类型创造的价值不同，其持续性也不同（见表1-2）。

表1-2 不同收益增长类型的持续性

增长类型	特点	价值创造的持续性
融资型增长	在产品有市场的前提下，通过增加资源配置、扩大经营规模实现收益增长	价值创造取决于产品的生命周期
创新型增长	通过研发创新产品、开拓市场，微观经济得到持续增长	价值创造的持续性
管理型增长	通过加强企业管理，包括科学的经营决策和财务决策，降低成本，增加收益	内涵性价值创造，体现核心竞争力
策略型增长	通过改变市场策略、价格策略等增加收益	价值创造的阶段性
并购型增长	通过股权并购实施扩张战略，增加收益	能否创造价值具有不确定性

二、不同增长类型对于投资决策的意义

（一）不同增长类型的价值创造对股票价值的影响

按照股利折现模型，有增长机会的股票价值等于无增长机会的股票价值与所有增长机会的净现值之和，即：

$$P_0 = \frac{EPS}{R_s} + NPVGO \qquad (1-3)$$

其中，EPS为每股收益，若公司将全部盈利以现金股利形式发放，则说明公司安

于现状，接下来一年公司将不能实现再投资增长；NPVGO 是公司留存利润再投资获得的收益，将公司留存利润进行再投资将会创造更多的增长机会，产生更多的利润和现金流，从而增加每股净现值，即增加的股票价值。

价值创造的增长机会越大，股票价值增长的机会越大，股票价格上涨的机会就越大。管理型增长，主要体现在成本下降上，如果销售量增加，那么净利润增长率要高于收入增长率；如果销售量下降，那么利润额和利润率下降幅度小于收入下降幅度，甚至会出现收入下降但是利润额和利润率不下降的情况，从而相对增加利润。如果是创新型增长，不断有创新的产品，不断拓展市场，那么在原有产品销售量和利润率不变的情况下，收入和利润也将持续增长。对于并购型增长，并购资产带来的债务收益比能否高于公司原有的收益比不确定，因此并购型增长对股价的影响具有不确定性。如果并购成功，收入及利润就会增长；否则，收入及利润会下降。

下列股票的利润增长率大于收入增长率，其股票市场表现坚挺，但是……

（1）同类股票的收益不同，市场表现的差异很大，如图 1-3 所示。

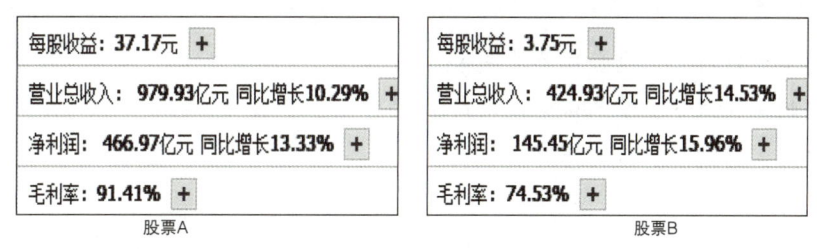

每股收益：37.17元	每股收益：3.75元
营业总收入：979.93亿元 同比增长10.29%	营业总收入：424.93亿元 同比增长14.53%
净利润：466.97亿元 同比增长13.33%	净利润：145.45亿元 同比增长15.96%
毛利率：91.41%	毛利率：74.53%
股票A	股票B

图 1-3　同类股票的市场表现（1）

（2）同类股票收益增长不同，市场表现的差异很大，增长快的价格高，如图 1-4 所示。

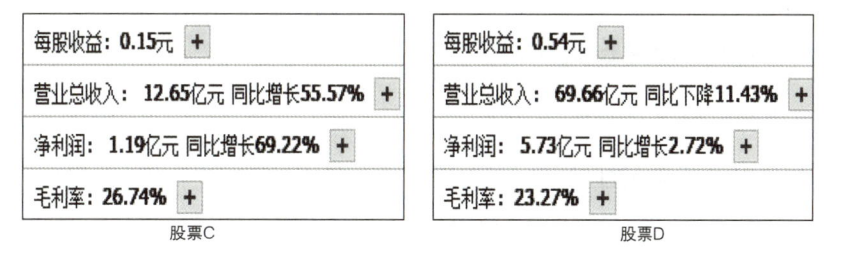

每股收益：0.15元	每股收益：0.54元
营业总收入：12.65亿元 同比增长55.57%	营业总收入：69.66亿元 同比下降11.43%
净利润：1.19亿元 同比增长69.22%	净利润：5.73亿元 同比增长2.72%
毛利率：26.74%	毛利率：23.27%
股票C	股票D

图 1-4　同类股票的市场表现（2）

（二）不同增长类型的投资决策意义

从上文不同增长类型分析可知，真正能够持续创造价值增长的是持续型增长。但并不是所有增长都是持续型增长，且不同增长类型的边界值是不同的，不同增长类型在公司业绩增长表现中的占比对股票投资决策的影响很大。

（1）融资型增长，能否创造价值，取决于公司是否具有好的投资机会。所以分析公司的投资机会至关重要。

（2）创新型增长，是通过创新产品、开拓新市场、扩大经营规模实现的收入和利润增长。这种增长一般是可持续的，是长期投资者的首选。

（3）管理型增长，属于稳定型价值增长，如果没有收入的大幅增长，其股票价值高增长的可能性较小，是稳健型投资者的首选。

（4）策略型增长，公司经营策略的成败与好坏与国家政策、国家竞争力、所处时代环境、该行业在整体经济中的重要性、该公司在该行业的地位，以及公司主营产品的市场饱和度、耐用性等因素相关，更多依据个人主观判断。

（5）并购型增长，并购的成功与否具有不确定性，一个有价值的成功并购案，必然使股票价值上升；一个失败的并购案，会导致股票价值下降。因此，对于风险爱好者来说，具有并购题材的股票会受其追捧。

课堂总结

1. 了解收益增长与投资决策的关系。
2. 了解不同增长类型的价值创造功能。
3. 了解不同增长对投资决策的影响。

第6课 证券投资风险与投资决策

一、正确认识证券投资风险

（一）解释风险

（1）风险具有不确定性特征，但不确定性不等于风险。

风险，是指不确定的未来的不好后果。未来是不确定的，所以风险是由将来的不确定性因素导致的。但未来的不确定性不等于风险，已知概率的不确定性才是风险。

（2）风险不等于损失，风险包括风险收益和风险损失两部分。人们一般会更关注风险损失，或者说人们对风险损失的敏感性强。

（3）风险的大小是指未来可能收益偏离期望收益的程度。偏离幅度越大，风险越大；反之则风险越小。风险是可以计量的。如现在投资股票 A，一年后的可能收益是：40% 的概率获得 30% 的收益率，30% 的概率获得 10% 的收益率，30% 的概率亏损 10%。而投资股票 B，一年后的可能收益是：40% 的概率获得 50% 的收益率，

30%的概率获得10%的收益率，30%的概率亏损30%。显然，股票B未来的可能收益偏离度更大，其风险也更大。

（4）风险具有中性。

（二）风险的类型

根据产生因素的不同，风险可以分为两类：系统风险和非系统风险。

系统风险，是指与市场整体运行相关联的风险，表现为整个市场或者某行业、某领域的整体变化。这类风险来源于宏观因素如政治因素、通货膨胀、利率等对市场整体的影响因素。如2008年美国次贷危机席卷全球，导致我国上证股市从2007年10月的6124点一路下跌到2008年12月的1700点左右。

非系统风险，是指企业内部存在的风险，如公司的决策失误导致重大损失，偶然事件、破产、严重违约等导致的风险，也叫公司特有风险或微观风险。这类风险的例证太多，如退市的股票、ST股票、重大事件导致严重亏损的股票等。在年报公布期间，股民特别关注非系统风险，都担心踩到了"业绩地雷"。

（三）收益与风险的关系

收益与风险的关系问题，是一个理论难点。二者既成正相关，也成负相关。这些理论虽然高深且无定论，但对于证券投资的指导作用都不容忽视。风险收益理论主要有以下几种。

1. 经典金融理论

经典金融理论中关于收益与风险的关系最典型的计算模型是资本资产定价模型（Capital Asset Pricing Model，CAPM）。

假设投资人是理性人，则

$$R=R_f+(R_m-R_f)\beta \tag{1-4}$$

其中，R_f为无风险收益率；R_m为市场风险收益率；R_m-R_f为市场风险溢价，表示市场风险；β为贝塔系数，表示某只股票的风险报酬率相对于市场风险报酬率的倍数或敏感度。

由以上模型可推导出：①收益与风险成正相关，即风险越大，期望收益越高。

2. 行为金融理论

行为金融理论中收益与风险的关系是指假设投资者是非理性人，则收益与风险成负相关，即风险越大，期望收益越低；风险越小，期望收益越高。该理论对股票投资同样具有重要的指导作用。

二、证券投资收益与风险对投资决策的影响

（一）对风险意识的影响

风险是中性的，无所谓好坏，要获取较高的风险收益，就必然要承担相应的风

险。但不是无谓地冒险，而是要有风险管理的意识和策略。

（二）风险管理的基础

根据 CAPM，收益的风险构成，既包含了系统风险，也包含了非系统风险。因此，证券分析就成为风险管理的坚实基础，既包括宏观基本面的分析，也包括微观基本面的分析。

（三）多种理论的综合运用

在理性人环境中，可运用经典金融理论进行投资决策，风险大，期望收益高，持有为主。而在非理性人环境中，行为金融理论起作用，风险大，期望收益低；风险小，期望收益高。

案例 1-1 以上证指数为例（见图 1-5）。

图 1-5　2003—2013 年上证指数走势

课堂总结

1. 了解证券投资风险的基本理论。
2. 重视对风险的认识。
3. 重视股票投资收益的风险构成对投资决策的影响。
4. 重视证券分析作为投资决策的重要基础。

第三节　证券投资风险概览

第7课　证券投资策略与投资决策

一、证券投资策略

证券投资策略，是指投资者在证券投资活动中为获取最理想投资收益而制定的风险最小化的投资操作原则和行动方案。由于每个投资主体的投资收益期望值和风险偏好不同，其投资策略也是多样化的。根据不同标准，投资策略有不同分类。按照风险偏好程度，可分为积极型投资策略、消极型投资策略和混合型投资策略；按照投资周期，投资策略可分为中长线投资策略、中短线投资策略和短线投资策略；按照投资组合的差异，投资策略可分为单一投资策略和组合投资策略；按照市场状况，投资策略可分为牛市投资策略和熊市投资策略。实践中，很少有单一的投资策略，多是根据自身的风险偏好进行多种策略组合，如积极型投资策略，往往具有投资单一品种、注重短线操作等投资特征。这里主要讨论按照风险偏好分类的投资策略。

（一）三类风险偏好投资策略

1. 积极型投资策略

投资者积极寻找市场中的获利机会，适时根据自己的判断调整资产或资产组合，以追求收益最大化的策略，可以叫作"时机抉择型投资策略"或者"激进型投资策略"。积极型投资策略可以分为热点判断型投资策略、价格判断型投资策略和心理判断型投资策略等。

积极型投资策略的特征是，追求高收益，承担高风险；投资组合的产品种类少甚至是单一的证券投资；追逐市场热点；持股时间较短等。

2. 消极型投资策略

消极型投资策略最大的特点是中长期持有，不会轻易地因为市场变动做出调整，也被称为"非时机抉择型投资策略"或者"稳健型投资策略"。消极型投资策略又可以细分为简单型中长期投资和科学组合型中长期投资两种。

消极型投资策略的主要特征是，低风险、低收益；投资产品多为稳健型股票或者基金；投资期间以中长线为主。

3. 混合型投资策略

混合型投资策略介于积极型投资策略和消极型投资策略之间，也叫作"风险中性投资策略"。在中长线持有的同时根据市场的变化做出适当调整。混合型投资策略具有代表性的属于中短线投资策略。

混合型投资策略的主要特征是，中短线投资，以中线投资为主，辅之一些短线操作，提高投资收益率；投资组合中的品种较少甚至由单一股票构成；投资周期通常以波段为主，一般以3~6个月为主要的持股周期；投资目的是，风险最低、收益最大，强调收益与风险的权衡。

（二）收益与风险权衡原则

收益与风险权衡原则，源于马科维茨的资产选择理论，主要研究有两种或者多种证券组合时，如何在多种组合中选择有效的资产组合，包括单一证券投资的选择。不同证券和证券组合的收益风险特征不同，选择的原则是做收益与风险的权衡。权衡的原则是风险最小、收益最大，即选择那些风险低而收益高的证券或证券组合。该理论涉及很多计算，我们将该理论的复杂计算转化为现实的投资操作，选择的内容包括：选择哪些证券进行组合、各种证券收益变动相关性、各种证券的比例。

1. 不同投资策略下的证券组合特征（见表1-3）

表1-3 不同投资策略下的证券组合特征

选择内容	积极型投资策略	消极型投资策略	混合型投资策略
证券相关性	正相关或单一证券	负相关或基金	正相关或单一证券
投资比例	高风险证券比例高	低风险证券比例高	适当提高高收益比例

2. 最优组合

什么是最优组合？这是一个未解决的课题。马科维茨的资产选择理论只是引入了投资者的风险偏好在有效组合中进行选择。风险偏好者更多的是选择高风险股票投资，甚至是借入资金投资高风险股票；风险厌恶者则更多的是投资低风险资产，甚至是少投资或者不投资股票；而风险中性是介于二者之间，但实际上，风险中性投资者往往偏向于风险偏好者。

这个问题虽然理论上没有解决，但这种选择思维仍具有指导意义：一方面是选择思维的参考意义，投资者根据自身的风险偏好，选择相适应的证券及证券组合，这叫作"适合自己的才是最好的"；另一方面是如何确定证券的收益风险属性，这就需要进行证券分析，包括基本面分析和技术面分析，如公共类产品收益率低且稳定，适合稳健型投资者；高科技类的股票风险大、收益高，适合激进型投资者等。因此，证券分析至关重要。

二、证券投资决策

（一）投资决策的内容

实践中，证券投资决策的内容主要包括：选股和选时。

（1）选股，包括选择什么股票或证券组合进行投资。这是证券投资必须解决的首要问题。对此有很多研究并提出了很多选股方法和策略，如十大选股技巧、三大选股策略等。这里介绍巴菲特的选股策略。

首先，公司必须从营运所需的有形净资本获得良好回报。巴菲特非常看重有形净资本回报率，特别是利润留存再投资的收益率。长远来看，为实现增长目标，保留经营收益，并把资本重新投入生产运营，一般较向股东派息或回购公司自身股份带来的价值更高。

其次，公司必须由有实力且诚实的管理人员营运，尤其强调管理层团队和董事会的道德操守。令公司声誉受损的管理人员应毫不留情地开除掉。

最后，股价必须合理。巴菲特坚信股票的长远表现将跑赢其他资产类别，但在估值方面他仍有一套坚定的原则。他认为，拥有良好前景的企业，估值总是天价。

（2）选时，包括股票投资的买入、卖出的时间。

通常，买入时间的选择易于卖出时间的选择。因此，合格的投资者必须首先确定股票投资的收益目标；其次是善于止损。这方面的研究同样很多，认识自己、确定自身的风险特性很重要。

（二）投资决策的科学依据

无论是选股还是选时，证券分析都是正确决策的科学手段，包括证券的基本面分析和技术面分析。盲目投资是投资失败的主要原因。

股票投资无非两种行为，即买入股票和卖出股票，问题是该何时买、何时卖。理论上，股票价值低估时买入，股票价值高估时卖出。而低估和高估的标准是股票的合理价值是多少。因此，投资学的研究对象就是股票的合理定价。对于这种定价，需要进行证券价值分析。

> **课堂总结**
>
> 1. 了解证券投资策略。
> 2. 了解证券投资收益与风险的权衡。
> 3. 了解证券投资决策的内容及科学依据。

第 8 课 证券投资分析概览

一、证券投资分析的内容

证券投资分析服务于投资决策，包括投资目标的设定、投资策略的制定、投资对象的选择（选股）、投资时间的选择（选时）等内容。证券投资分析的目的、内容和解决的问题如图 1-6 所示。

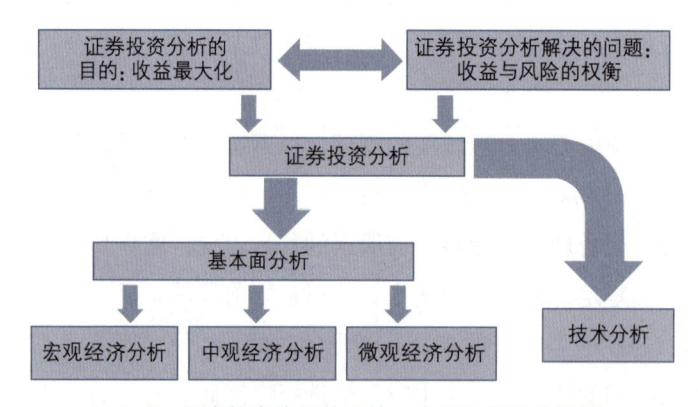

图 1-6　证券投资分析的目的、内容和解决的问题

二、证券投资分析的决策效应

（一）基本面分析的决策效应

1. 宏观基本面分析

宏观基本面分析是对国家宏观经济运行的分析和判断。股市行情是国民经济的晴雨表，纵观我国股市的发展，每次牛市都与经济发展有很大的关系。比如，1996—1997 年的牛市。当时，经济发展得很好，GDP 快速增长，国家也在大力支持发展证券市场；资金方面，由于加息，股市有充足的资金作为支撑，促成了本轮牛市。

如图 1-7 所示，2006 年至 2007 年 10 月，上证指数暴涨至 6124.04 点。从各方面来说，都是利好，经济也处于快速发展时期，GDP 增速加快。另外，由于外汇改革，人民币升值，资金充裕；由于股权分置改革，吸引了很多上市公司进场，上市公司业绩好转，促使股价大涨。这一次牛市差不多持续了近两年的时间，由于股权分置改革结束，分红制度消失，上市公司高额的融资让市场面临很大的压力，上证指数暴跌至 1700 点左右，牛市终结。

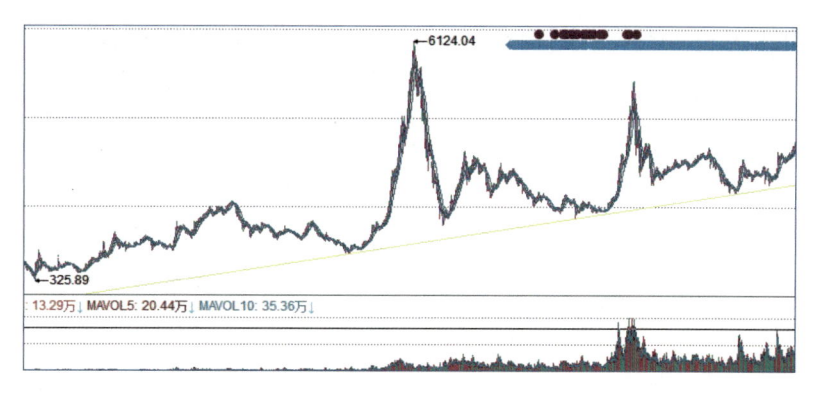

图 1-7　1994—2021 年上证指数走势

由上述案例可知，宏观基本面分析有助于把握股市的大趋势。

2. 产业经济分析

在相同的宏观经济发展大环境下，不同行业的发展存在很大的差异。在同花顺软件中可以找到行业指数，为选股决策提供科学依据，如图 1-8 所示。

图 1-8　同花顺行业发展指数查询

2007 年 8 月至 2023 年 4 月钢铁板块指数走势如图 1-9 所示。

图 1-9　2007 年 8 月至 2023 年 4 月钢铁板块指数走势

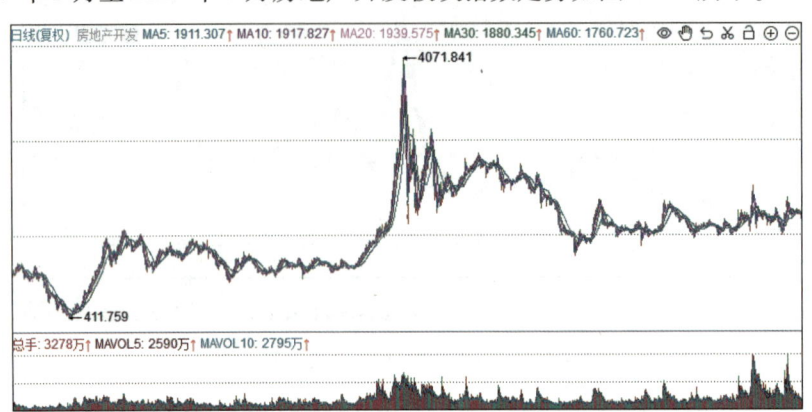

2007 年 8 月至 2023 年 3 月房地产开发板块指数走势如图 1-10 所示。

图 1-10　2007 年 8 月至 2023 年 3 月房地产开发板块指数走势

3. 区域经济分析

资源分布差异导致不同地区经济发展也存在很大差异。区域经济分析可以帮助我们制定区域投资策略。在同花顺软件中可以找到区域指数，为选股决策提供科学依据。

4. 微观经济分析

微观经济分析，主要是进行个股的分析，通过分析公司财务状况，为选股决策提供科学依据。

（二）技术分析

有效市场假说理论认为，在弱有效市场上，价格反映了过去的信息，所以技术分析无效；在半强有效市场上，基本面分析无效；在强有效市场上，内幕交易无效。实际上，技术分析是非常有效的，尤其是在对买卖时间的把握上。

> **课堂总结**
>
> 1. 了解证券投资分析的内容体系。
> 2. 了解证券投资分析对投资决策的作用。

第二章

证券投资的微观经济分析

第一节　微观经济分析概述

第 9 课　微观经济分析的内容及其重要性

一、微观经济分析对于证券投资的重要性

（一）证券投资本身就是投资特定公司

股票投资就是投资某公司的股权。为什么要投资该公司的股权而不是其他公司的股权？是因为该公司的微观经济状况良好，未来有很好的发展前景，能够给投资者带来较高的投资回报，而这些信息都来自对该公司的微观经济分析。

（二）上市公司股票价格体现了公司的微观经济状况

在资本市场上，同样是公司股票，为什么不同公司的股票市场行情表现出来的差距很大？不同股票比较如表 2-1、图 2-1、图 2-2、图 2-3、图 2-4 所示。

表 2-1　不同股票的市场表现比较

项目	贵州茅台	五粮液	四川长虹
每股收益/元	37.17	3.75	0.0098
收入/亿元	979	424	944
净利润/亿元	466	145	0.45
股票价格（元/股）	2160	260	2.60

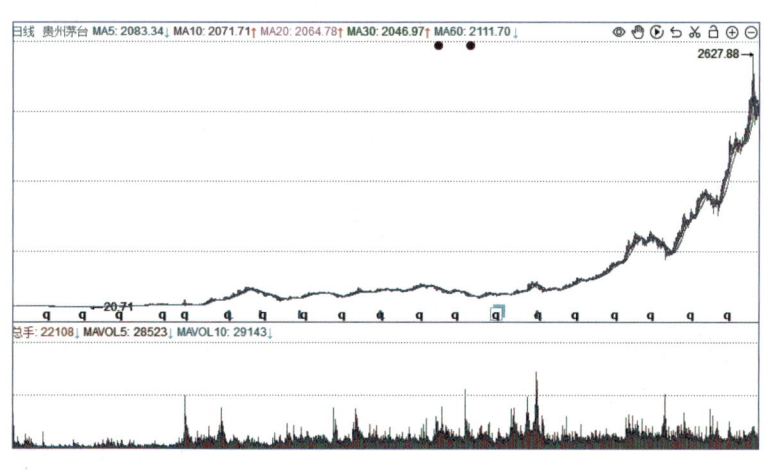

图 2-1　2001 年 8 月至 2021 年 4 月贵州茅台日 K 走势

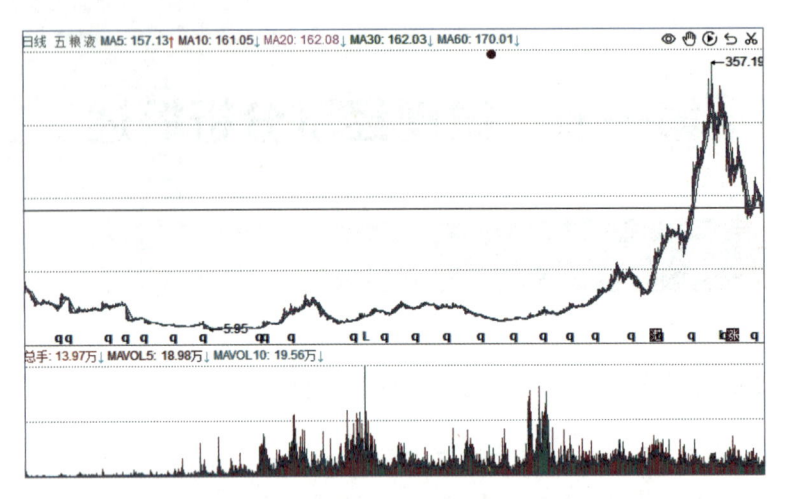

图 2-2　1998 年 4 月至 2022 年 10 月五粮液日 K 走势

图 2-3　1994 年 3 月至 2021 年 1 月四川长虹日 K 走势

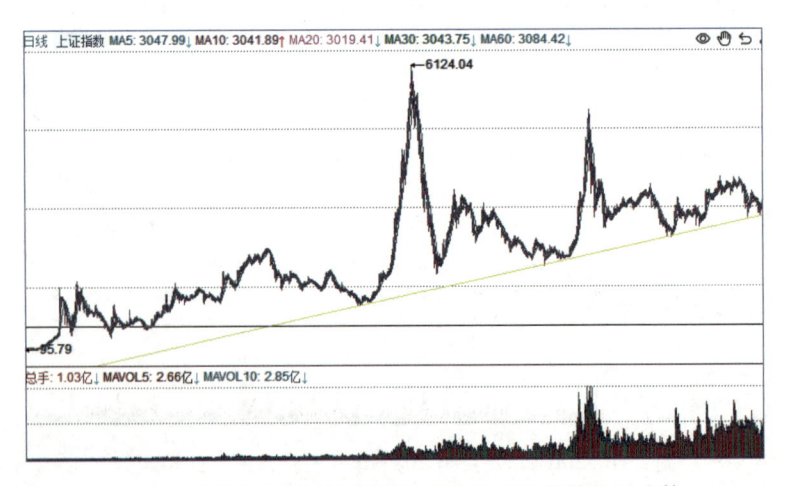

图 2-4　1990 年 12 月至 2022 年 6 月上证指数日 K 走势

（三）公司经营状况和效益的波动体现股票的非系统风险

按照资本资产定价模型，经营杠杆和财务杠杆是贝塔系数最重要的影响因素。也就是说，经营杠杆和财务杠杆是最重要的非系统风险因素。上例中，四川长虹公司的股价从以前的持续上涨到之后的持续下降，体现了四川长虹公司股票从以前的绩优股变成了后来的绩差股。其股价的市场表现正是背后微观经济状况变化的体现。从趋势上讲，贵州茅台和五粮液股票的持续上涨，也是公司经营状况及业绩持续向好的表现，贵州茅台每股收益是五粮液每股收益的近 10 倍，而贵州茅台股价也是五粮液股价的近 10 倍。

（四）微观经济分析为证券投资决策提供科学依据

在股票投资中，无论是选股决策还是继续持有或者换股等选时决策，微观经济分析都将起到重要作用。

二、微观经济分析的内容

企业经营的好坏，除了有宏观经济和产业背景因素，更重要的是企业自身的经营管理情况是否良好，是否能为股东带来满意的投资回报。不同的管理者管理相同的公司会有不同的结果，主要体现在不同管理者的不同管理决策上。一个企业的营运决策主要包括经营决策和财务决策。二者能体现企业的两大活动，即经营活动和财务活动。企业的资产负债表分为左、右两方，左方是资产的投资，体现公司经营活动的好坏和经营质量，也就是经营决策；右方是融资活动，体现公司的财务决策。微观经济分析的内容主要包括经营分析、财务分析、制度背景和决策者差异，概况如图 2-5 所示。

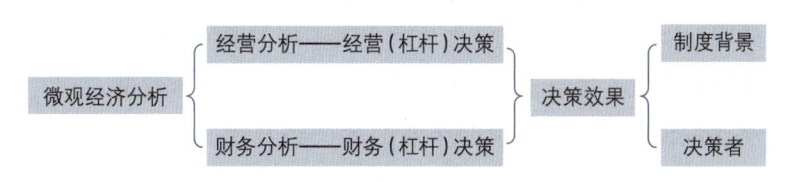

图 2-5 微观经济分析内容

由于财务的综合性很强，能综合反映企业的经营活动，微观经济分析主要侧重于财务分析，透过财务看企业的经营情况和发展战略。

> **课堂总结**
>
> 1. 了解微观经济分析对于股票投资的重要性。
> 2. 了解微观经济分析的主要内容及其相互关系。

第10课 财务分析依据及资料来源

一、财务分析依据

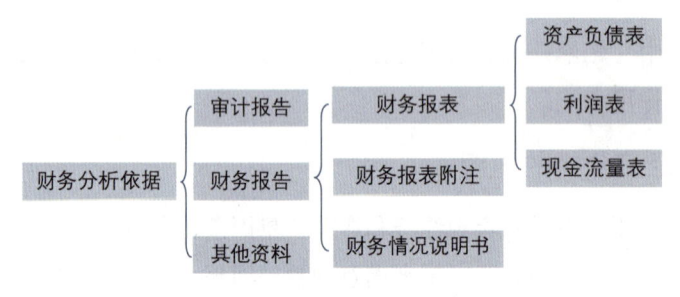

(一) 财务分析依据概览

财务分析依据除审计报告和财务报告外,还包含公司治理制度、管理层薪酬、研发支出、招股说明书、重大投资项目报告等其他资料(见图2-6)。

图2-6 财务分析依据概览

(1) 财务报表,是以表格形式反映企业财务状况、经营成果和现金流量的书面文件,是财务会计报告的主体和核心。企业财务报表按反映内容的不同,可分为资产负债表、利润表、现金流量表。

(2) 财务报表附注,是对资产负债表、利润表、现金流量表等报表中列示项目的文字描述或明细资料,以及对未能在这些报表中列示项目的说明等。财务报表附注可以使报表使用者全面了解企业的财务状况、经营成果和现金流量。

(3) 财务情况说明书,主要说明企业的生产经营状况、利润实现和分配情况、资金增减和周转情况、税金缴纳情况、各项财产物资变动情况等,分析总结经营业绩和存在问题及不足。

财务报表是财务分析的主要依据。在看财务报表时,应特别注意审计报告。

(二) 上市公司年报公布

上市公司年报公布时间为每年1月1日至4月30日。公司在公布年报的同时,还应公布股利分配预案。

二、资料来源

（一）同花顺软件中个股页面的新闻公告

说明：在同花顺软件中，找到并点开个股页面，再点开 F10，会显示新闻公告，点开后就能找到相应的财务报告。下面以贵州茅台为例。

贵州茅台新闻公告如图 2-7 所示。

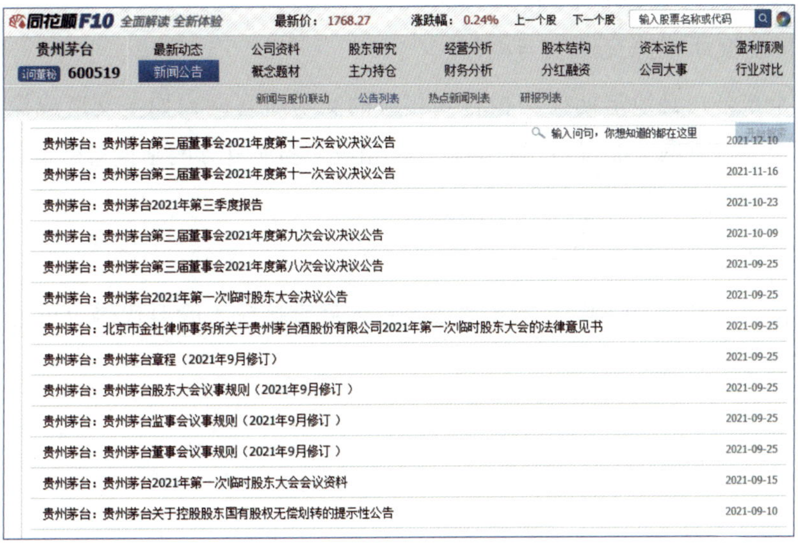
同花顺F10 全面解读 全新体验　最新价：1768.27　涨跌幅：0.24%　上一个股　下一个股　输入股票名称或代码

贵州茅台 600519 | 最新动态 新闻公告 | 公司资料 概念题材 | 股东研究 主力持仓 | 经营分析 财务分析 | 股本结构 分红融资 | 资本运作 公司大事 | 盈利预测 行业对比

新闻与股价联动　公告列表　热点新闻列表　研报列表

贵州茅台：贵州茅台第三届董事会2021年度第十二次会议决议公告	2021-12-10
贵州茅台：贵州茅台第三届董事会2021年度第十一次会议决议公告	2021-11-16
贵州茅台：贵州茅台2021年第三季度报告	2021-10-23
贵州茅台：贵州茅台第三届董事会2021年度第九次会议决议公告	2021-10-09
贵州茅台：贵州茅台第三届董事会2021年度第八次会议决议公告	2021-09-25
贵州茅台：贵州茅台2021年第一次临时股东大会决议公告	2021-09-25
贵州茅台：北京市金杜律师事务所关于贵州茅台酒股份有限公司2021年第一次临时股东大会的法律意见书	2021-09-25
贵州茅台：贵州茅台章程（2021年9月修订）	2021-09-25
贵州茅台：贵州茅台股东大会议事规则（2021年9月修订）	2021-09-25
贵州茅台：贵州茅台监事会议事规则（2021年9月修订）	2021-09-25
贵州茅台：贵州茅台董事会议事规则（2021年9月修订）	2021-09-25
贵州茅台：贵州茅台2021年第一次临时股东大会会议资料	2021-09-15
贵州茅台：贵州茅台关于控股股东国有股权无偿划转的提示性公告	2021-09-10

图 2-7　贵州茅台新闻公告

贵州茅台财务分析如图 2-8 所示。

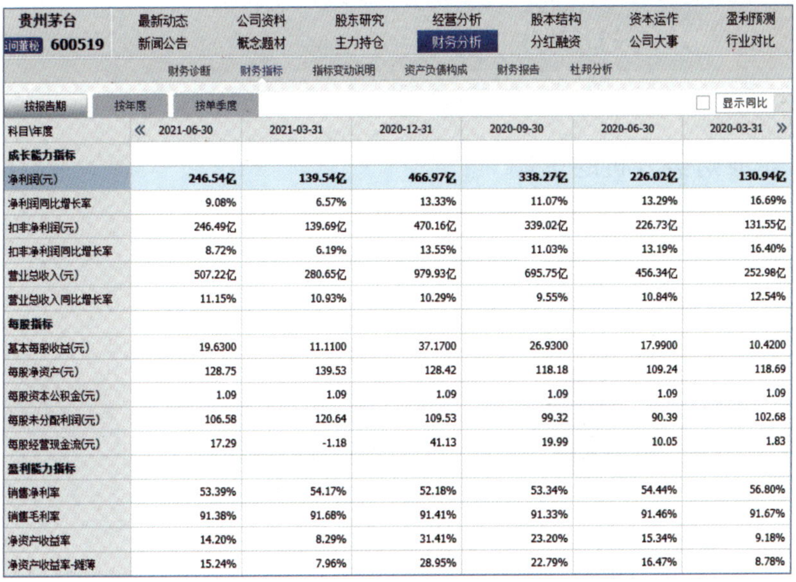
贵州茅台 600519 | 最新动态 新闻公告 | 公司资料 概念题材 | 股东研究 主力持仓 | 经营分析 财务分析 | 股本结构 分红融资 | 资本运作 公司大事 | 盈利预测 行业对比

财务诊断　财务指标　指标变动说明　资产负债构成　财务报告　杜邦分析

按报告期　按年度　按单季度　显示同比

科目\年度	2021-06-30	2021-03-31	2020-12-31	2020-09-30	2020-06-30	2020-03-31
成长能力指标						
净利润(元)	**246.54亿**	**139.54亿**	**466.97亿**	**338.27亿**	**226.02亿**	**130.94亿**
净利润同比增长率	9.08%	6.57%	13.33%	11.07%	13.29%	16.69%
扣非净利润(元)	246.49亿	139.69亿	470.16亿	339.02亿	226.73亿	131.55亿
扣非净利润同比增长率	8.72%	6.19%	13.55%	11.03%	13.19%	16.40%
营业总收入(元)	507.22亿	280.65亿	979.93亿	695.75亿	456.34亿	252.98亿
营业总收入同比增长率	11.15%	10.93%	10.29%	9.55%	10.84%	12.54%
每股指标						
基本每股收益(元)	19.6300	11.1100	37.1700	26.9300	17.9900	10.4200
每股净资产(元)	128.75	139.53	128.42	118.18	109.24	118.69
每股资本公积金(元)	1.09	1.09	1.09	1.09	1.09	1.09
每股未分配利润(元)	106.58	120.64	109.53	99.32	90.39	102.68
每股经营现金流(元)	17.29	-1.18	41.13	19.99	10.05	1.83
盈利能力指标						
销售净利率	53.39%	54.17%	52.18%	53.34%	54.44%	56.80%
销售毛利率	91.38%	91.68%	91.41%	91.33%	91.46%	91.67%
净资产收益率	14.20%	8.29%	31.41%	23.20%	15.34%	9.18%
净资产收益率-摊薄	15.24%	7.96%	28.95%	22.79%	16.47%	8.78%

图 2-8　贵州茅台财务分析

从同花顺个股页面点开 F10 后，不仅能在新闻公告中找到完整的年度报告、临时报告等资料，还能找到与财务有关的信息，如最新动态、财务概况、分红融资、股本结构、经营分析、资本运作等。要完整地分析一家上市公司，最好找到该上市公司一定时期（如十年）或者自上市以来的完整财务报告。

（二）公司官网

可以直接到上市公司官网查询相关信息。

（三）上交所或深交所官方网站

所有上市公司必须定期提交报告到相应的交易所官网，如上交所或深交所，因此，这些交易所官网上的资料相对准确。在相应交易所官方网站搜索栏中直接输入股票代码就可搜索找到想要查询的上市公司。

（四）其他网站或数据库

如巨潮资讯网站、CSMAR 数据库等，进入后直接输入股票代码也可搜索找到想要查询的上市公司。

> **课堂总结**
>
> 1. 了解公司财务分析中的资料内容。
> 2. 了解如何找到公司财务信息。

第 11 课　财务分析的主体和目的

一、企业财务分析的主体

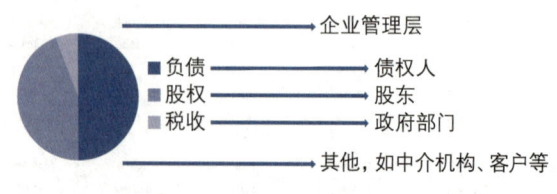

（一）公司的利益相关者

公司的利益相关者如图 2-9 所示。

图 2-9　公司的利益相关者

(二）企业财务分析主体就是企业的利益相关者

（1）企业管理层，是企业的经营管理者，为企业的受托人，接受委托人（所有者）的委托，对企业进行经营管理。

（2）债权人，是以债权形式向企业投入资金的自然人或法人。债权投资者既包括现实的债权投资者，也包括潜在的债权投资者；既可以是短期债权人，也可以是长期债权人。

（3）股东，是以股权形式向企业投入资金的自然人或法人，又叫"股权投资者"。股东既包括现实的股权投资者，也包括潜在的股权投资者。按照股权的性质股东可分为优先股股东和普通股股东，而普通股股东才是真正的股东。

（4）政府部门，主要包括税务局和市场监管部门等。

（5）其他，包括中介机构、客户甚至竞争对手等。实际上，企业的利益相关者还包括企业的普通员工。

二、不同主体财务分析的目的差异

不同利益相关者，其决策内容不同，财务分析的目的也不同。

（1）债权人的分析目的。债权人主要关心债权安全，包括本金和利息。因此，债权人进行财务分析时往往特别关注企业的偿债能力和现金流。然而，不同债权人的目的也有差异。比如，短期债权人和长期债权人关注的重点有所不同。

短期债权，是指债权期限在一年或一个营业周期以内的债权。在财务分析中，短期债权人往往比较关心企业的短期财务状况，如企业资产的流动性（变现能力）和现金流状况等，特别是经营活动的现金流状况，其影响因素包括产品的销售状况和回款能力。

长期债权，是指债权期限在一年或一个营业周期以上的债权。在财务分析中，长期债权人往往比较关心企业的长期财务状况，长期负债的安全性通常是通过企业所有资产提供保障的。因此，企业的资本结构、财务风险及资产的构成就成了长期债权人进行财务分析时的关注重点。

除此之外，债权人还应该通过财务分析了解企业的资产周转效率和盈利能力，因为这是企业经营管理水平的综合体现，只有高水平的经营管理才是债权真正的保障。

（2）企业经营管理者的分析目的。经营管理者（管理层）进行财务分析是为了全面了解企业的情况，尤其是存在的问题，因此，要进行全面而不是某一方面的财务分析。

（3）政府部门的分析目的。这里主要讨论税务部门。税务部门的主要目的是征税，由于现在的企业所得税涉及所有资产负债项目，财务分析的内容较多，如收入、成本费用、资产负债等。

（4）股东的分析目的。股权投资者进行财务分析是为股权投资决策提供科学依据。

股权投资目的与财务分析的关系如图2-10所示。

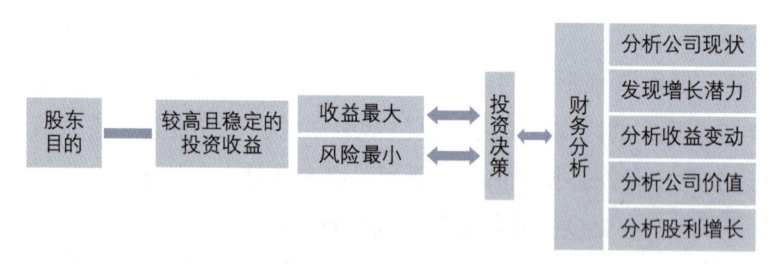

图2-10 股权投资目的与财务分析的关系

由图2-10可知，股权投资者进行财务分析时，以收益和风险为重点，全面关注企业的经营和财务状况。

> **课堂总结**
>
> 1. 了解企业的利益相关者及其财务分析的目的和重点。
> 2. 了解股权投资者的财务分析目的。

第12课　财务分析内容及投资分析重点

一、财务分析的一般内容

一般来讲，企业财务分析的内容很多，大致分为报表内容分析和财务能力分析两个方面。其中，报表内容分析分为资产负债表分析、利润表分析、现金流量表分析、其他分析；财务能力分析分为（短期和长期）偿债能力分析、营运能力分析、盈利能力分析、发展能力分析、价值创造能力分析、综合分析等（见图2-11）。通过财务分析可以获知企业的经营管理情况。

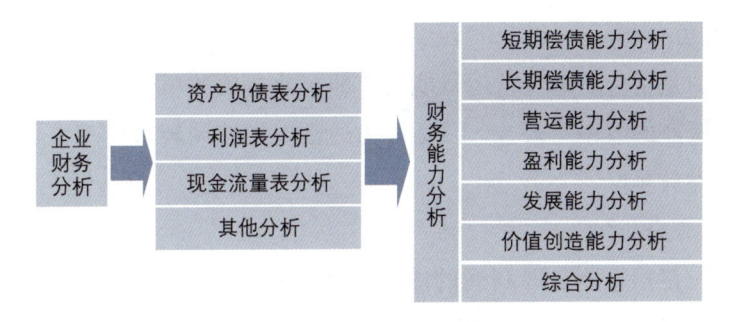

图 2-11 财务分析一般内容

（一）按照报表内容分类

1. 资产负债表分析

资产负债表，是反映企业某一特定时期内财务状况的财务报表，包括资产、负债和股权三要素，其内在关系为：

$$资产 = 负债 + 股权 \tag{2-1}$$

通过资产负债表，可以从报表数字之间的关系及其变动情况了解企业整个生产经营状况及其发展趋势，以及存在的问题；了解企业拥有的资产规模、结构等资产状况；了解企业通过负债和股权方式进行的资源配置状况。

2. 利润表分析

利润表，是反映企业在一定期间内经营成果的财务报表，包括收入、费用和利润三要素，其内在关系为：

$$收入 - 费用 = 利润 \tag{2-2}$$

通过利润表可以获悉企业利润的构成，分析判断企业的获利能力及其发展趋势。

3. 现金流量表分析

现金流量表，是综合反映企业在一定期间内现金流入和流出及其增减变化情况的报表。这里的现金是广义的现金，包括现金及现金等价物，而现金等价物是指短期的、流动性强的无风险债券（主要是国债）投资。现金流量表包括经营活动产生的现金流、投资活动产生的现金流和筹资活动产生的现金流三部分。

4. 其他分析

财务分析除了三大报表，还包括合并报表、其他财务信息的分析等。

（二）按照财务能力分类

1. 偿债能力分析

偿债能力，包括短期偿债能力和长期偿债能力。短期偿债能力特别关注资产的流动性及现金流状况；长期偿债能力特别关注公司的资本结构及财务决策。

2. 营运能力分析

营运能力，是指企业的经营运行能力，即企业运用各项资产以赚取利润的能力，体现企业营运资产的效率与效益。营运能力通常以加速周转来体现，资产周转越快，效率越高，效益就越好。

3. 盈利能力分析

盈利能力，是指企业获取利润的能力，是企业扩大再生产和持续发展的物质基础。盈利能力可以综合反映企业的经营管理水平。

4. 发展能力分析

发展能力体现企业持续增长的发展趋势。

5. 价值创造能力分析

企业的价值创造，通常是企业价值的市场体现，是企业综合财务能力的反映。

二、股权投资者的分析重点

股权投资者的投资目的是获取较高的、稳定的投资收益，通过财务分析为股权投资决策提供科学依据。所以股东进行财务分析时，特别关注盈利能力、现金流、股利政策，以及与此相关的财务事项，其中现金流的创造能力很重要；同时，真正的股权投资者，是企业收益的最终获得者和风险的最终承担者，企业的长远发展对于他们来说可能比眼前利益更重要。因此，股权投资者除了关注企业的盈利能力，在财务分析中，还会特别关注企业的发展前景和风险程度；股利分配和价值创造能力也是股权投资者特别关注的内容。股权投资目的及与财务分析的关系如图 2-12 所示。

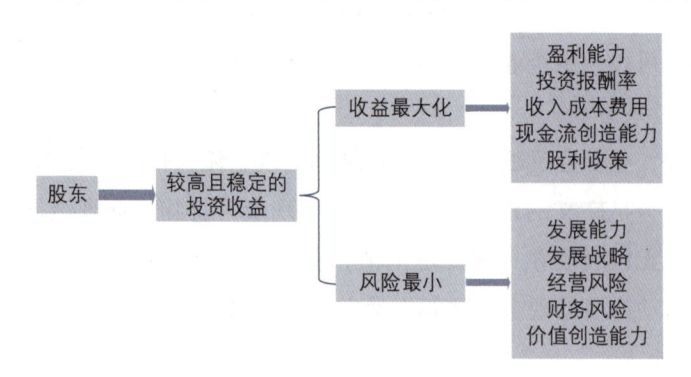

图 2-12 股权投资目的及与财务分析的关系

可见，股权投资者进行财务分析时，以收益和风险为重点，全面关注企业的经营和财务状况，特别关注财务分析中的盈利能力、发展能力及价值创造能力等的分析；同时，还特别关注这些收益的变动，即风险情况，包括经营风险和财务风险。

第二章 证券投资的微观经济分析 02

> **课堂总结**
>
> 1. 了解企业财务分析的一般内容。
> 2. 了解股权投资者的财务分析目的和重点。

第13课 财务分析的传统方法

一、财务分析传统方法概览

财务分析的传统方法，通常是指教科书上的分析方法。这些方法可概括为三类：统计指标分析法、因素分析法和模型分析法。其中，模型分析法主要用于理论研究中的实证分析。这里主要介绍统计指标分析法和因素分析法，因为这两类方法常见于各种财务分析教科书中，并一直为财务分析实务所广泛采用，所以被称为传统财务分析方法。传统财务分析方法的分类和内容概览如图2-13所示。

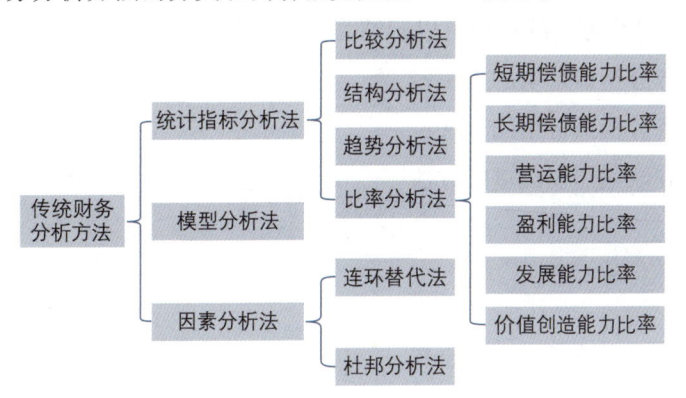

图2-13 传统财务分析方法的分类和内容概览

（一）统计指标分析法

统计指标分析法，是指利用一系列统计指标和统计分析方法进行财务分析的方法，其主要分析指标、方法和各指标揭示的内容如图2-14所示。

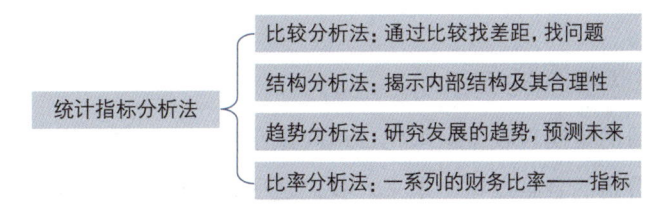

图2-14 统计指标分析法的分析指标、方法和各指标揭示的内容

在目前的财务分析中,统计指标分析法是最主要的分析方法。其中,最基本且常用的便是比率分析法。

(二) 因素分析法

在财务分析实务中,因素分析法用得比较少,但在更深入的财务分析和企业诊断中比较常用。一般地,通过比较分析法找差距和问题,通过因素分析法找形成差距的原因,是经济分析中最常用且重要的分析逻辑。因素分析法中最常用的是连环替代法和杜邦分析法。

二、对传统财务分析方法的评价

传统财务分析方法,是人们常用的分析方法,或者说是目前财务分析运用的全部方法。运用这些方法进行财务分析,虽然对经济决策有一定的帮助,但是这些方法存在很多局限性和缺陷,或者是分析对象和环境的缺陷,或者是方法本身的缺陷,使得这些财务分析方法很难成为正确决策的科学依据。因此,需要对这些方法进行改进、完善或者创新。

对传统财务分析方法的评价可以归纳为以下三点:

(1) 是财务分析最基本的方法;
(2) 是财务分析最常用的方法;
(3) 是存在缺陷需要改进的方法。

> **课堂总结**
>
> 1. 了解传统财务分析方法的全貌。
> 2. 了解各种方法的特点。
> 3. 正确认识传统财务分析方法。

第14课 财务分析方法的创新思维

一、财务分析的着眼点

证券投资的目的是实现收益最大化、风险最小化,不管收益还是风险都存在于未来,因此,财务分析的着眼点在于未来。我们之所以分析过去的数据,是因为过去的数据对于未来预测有一定的借鉴意义。

财务分析的着眼点如下：
（1）过去经营和财务状况变动的规律性。
（2）过去变动规律性的稳定性。
（3）过去变动规律性对未来的可预测性。
　　①预测未来经营情况的可能变化。
　　②预测未来收入的可能变化。
　　③预测未来利润的可能变化。
　　④预测股利分配政策的可能变化。

财务分析如果不具有可预测性，那么对投资决策的意义不大。因此，着眼未来是财务分析的根本。

二、财务分析的新思维

（一）高度重视预算规划的经营环境

如果一个企业高度重视预算规划的作用，企业的一切经营活动都是整个规划的一部分，那么过去的业务活动产生的财务数据就具有可预测性，用现有的趋势分析方法就可以预测未来。因此，财务分析的重点是：

（1）研究过去经营活动的变动规律；
（2）以过去的变动规律预测未来。

（二）无预算、无规划的经营环境

无预算、无规划的经营环境，针对的是那些业务活动开展完全没有预算、没有规划的企业，其过去经营活动产生的财务数据与未来无关。这种情况很常见，很多上市公司经营情况的波动性就很大，甚至在包装上市后，短时间内就成为 ST 股票，其经济生命周期很短。研究这种公司过去的变动规律对于投资决策的意义不大，需要调整财务分析的思维。下面介绍财务分析的新思维。

（1）从财务信息回到业务经营层面是财务分析的出发点。

以财务信息产生为基准的会计核算过程如图 2-15 所示。

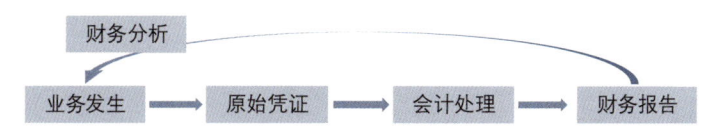

财务分析
业务发生 → 原始凭证 → 会计处理 → 财务报告

图 2-15　以财务信息产生为基准的会计核算过程

这就叫"透过财务数据看业务经营"，尤其是分析业务经营管理层及其经营理念。这是财务分析最重要的创新思维，能从财务数据返回到业务层面是这种创新思维的关键环节。

（2）揭示业务经营状况及其发展趋势的预期是财务分析最主要的内容。在无规划、无预算理念的经营环境下，无法根据财务数据预测未来，但管理层的经营理念是完全可以预测未来的。因此，财务分析的重点是通过经营理念预测未来。

（3）财务分析更突出一种认知理念，而不是单纯的技术分析。

课堂总结

1. 了解财务分析的着眼点。
2. 了解在不同经营环境下财务分析的重点和分析思维。

第二节　财务信息系统

第 15 课　财务信息及披露的质量要求

一、财务信息的作用

财务信息主要是指以财务报表为代表的反映企业价值的财务数据。

财务报表六要素：资产、负债、股权、收入、费用和利润。

企业通过财务信息的披露，为利益相关者（财务信息的使用者）作经济决策提供依据。因此，财务信息具有决策效应。

正因为财务信息如此重要，企业必须及时向利益相关者披露财务信息，上市公司必须按时公开披露一定时期内的财务信息。

二、财务信息披露的质量要求

会计信息质量要求是对企业财务会计报告所提供高质量会计信息的基本规范，能够使财务会计报告中所提供的会计信息有助于投资者等使用者作决策，且要求这些信息具备可靠性（客观性、真实性）、相关性、可理解性（清晰性）、可比性、实质重于形式、重要性、谨慎性和及时性（时效性）等基本特征。这些特征通常被称为"八大质量要求"，具体分述如下。

（一）可靠性（客观性、真实性）

要求企业以实际发生的交易或者事项为依据进行确认、计量和报告，如实反映符合确认和计量要求的各项会计要素及其他相关信息，保证会计信息真实可靠、内容完整。

（二）相关性

要求企业提供的会计信息与财务会计报告使用者的经济决策需要相关，有助于财务会计报告使用者对企业过去和现在的情况做出评价，对未来的情况做出预测。

（三）可理解性（清晰性）

要求企业提供的会计信息清晰明了，便于财务会计报告使用者理解和使用。

（四）可比性

要求企业提供的会计信息相互可比，保证同一企业不同时期可比、不同企业相同会计期间可比。

（五）实质重于形式

要求企业按照交易或者事项的经济实质进行会计确认、计量和报告，不应仅以交易或者事项的法律形式为依据。

（六）重要性

要求企业提供的会计信息反映与企业财务状况、经营成果和现金流量有关的所有重要交易或者事项。重要性的应用依赖于职业判断，主要从性质（质）和金额大小（量）两个方面进行判断。

（七）谨慎性

要求企业在对交易或者事项进行会计确认、计量和报告时保持应有的谨慎，不高估资产或者收益、不低估负债或者费用。

（八）及时性（时效性）

要求企业对于已经发生的交易或者事项，及时进行确认、计量和报告，不得提前或者延后。会计核算过程中的及时性包括：及时收集、及时处理、及时传递会计信息。会计信息的价值在于帮助利益相关者做出经济决策，具有时效性。

> **课堂总结**
>
> 1. 了解财务信息及其作用。
> 2. 了解财务信息披露的质量要求。

第 16 课　财务报告信息系统

一、企业财务报告的内容构成

（一）财务报告系统

按照《中华人民共和国会计法》和《企业财务会计报告条例》规定，财务会计报告分为年度、半年度、季度和月度财务会计报告。年度、半年度财务会计报告内容如图 2-16 所示。

（二）会计报表附表

会计报表附表是相关补充报表，主要包括利润分配表、主营业务收支明细表、商

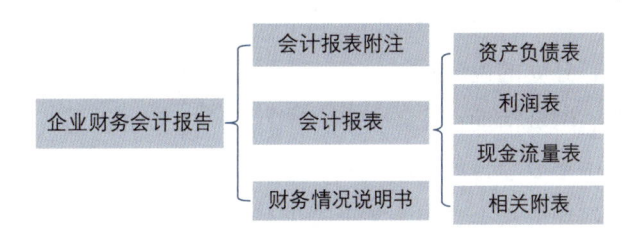

图 2-16　年度、半年度财务会计报告内容

品销售利润明细表等。年度、半年度会计报表至少应当反映两个年度或者相关两个期间的比较数据。

二、三大财务报表的内在联系

三大财务报表是指资产负债表、利润表和现金流量表，其内在联系如图 2-17 所示。

图 2-17　三大财务报表内在联系

注：①现金流量表的现金及现金等价物净增加额，应等于资产负债表中货币资金和短期投资期末数与期初数之差；②资产负债表期末未分配利润，应等于资产负债表上期未分配利润与本期利润表中净利润之和；③资产负债表为存量表，而利润表和现金流量表为流量表。

三、会计报表附注

会计报表附注是为便于会计报表使用者理解会计报表的内容而对会计报表的编制基础、编制依据、编制原则和方法及主要项目等作的解释。会计报表附注至少应当包括下列内容：

（1）不符合基本会计假设的说明；

（2）重要会计政策和会计估计及其变更情况、变更原因及其对财务状况和经营成果的影响；

（3）或有事项和资产负债表日后事项的说明；

（4）关联方关系及其交易的说明；

(5) 重要资产转让及其出售情况；

(6) 企业合并、分立的说明；

(7) 重大投资、融资活动；

(8) 会计报表中重要项目的明细资料；

(9) 有助于理解和分析会计报表需要说明的其他事项。

四、财务情况说明书

财务情况说明书至少应当对下列情况做出说明：

(1) 企业生产经营的基本情况；

(2) 利润实现和分配情况；

(3) 资金增减和周转情况；

(4) 对企业财务状况、经营成果和现金流量有重大影响的其他事项。

> **课堂总结**
>
> 1. 了解财务报告信息系统的内容构成。
> 2. 了解三大财务报表的内在联系。
> 3. 了解会计报表附注应该包含的内容。
> 4. 了解财务情况说明书应该包含的内容。

第 17 课　其他财务信息

一、审计报告信息

(一) 审计报告概述

上市公司的年度财务报告必须经过审计，并在披露年报的同时披露审计报告。注册会计师、会计师事务所审计企业财务会计报告，应当依照有关法律、行政法规以及注册会计师执业规则的规定进行，并对所出具的审计报告负责。

审计报告，是注册会计师对经审计的企业财务报表发表的审计意见，所以审计报告的重要信息是审计意见。

(二) 审计意见的类型

审计意见是审计人员对审查结果的看法和所持的态度，可分为四类。

1. 无保留意见

无保留意见可分为标准的无保留意见和带强调事项段的无保留意见。

（1）标准的无保留意见。说明审计师认为被审计单位编制的财务报表已按照适用的会计准则规定编制，并在所有重大方面公允反映了被审计单位的财务状况、经营成果和现金流量情况。

（2）带强调事项段的无保留意见。说明审计师认为被审计单位编制的财务报表符合相关会计准则的要求，并在所有重大方面公允反映了被审计单位的财务状况、经营成果和现金流量，但是存在需要说明的事项，如重大不确定事项、对持续经营能力产生重大疑虑等。

2. 保留意见

说明审计师认为财务报表整体是公允的，但是存在影响重大的错报。

3. 否定意见

说明审计师认为财务报表整体是不公允的或没有按照适用的会计准则规定编制。

4. 无法表示意见

说明审计师的审计范围受到了限制，且其可能产生的影响是重大而广泛的，审计师不能获取充分的审计证据，又叫"拒绝表示意见"。这是一种意见，而不是不发表意见。

二、其他财务信息

其他财务信息很多，主要介绍以下几类。

（1）招股说明书。

（2）重大投资项目公告。其中最重要的是投资项目的可行性研究报告。

（3）公司治理制度。

（4）管理层薪酬及股权激励。

（5）研发支出。

（6）并购重组公告等。

课堂总结

1. 了解审计报告的意见类型。
2. 了解其他财务信息。

第18课 财务信息的局限性及其突破

一、财务信息的局限性

（一）来自会计方法的局限

（1）会计方法的综合性，既是优点也是缺陷。财务会计虽以价值计量方法综合反映企业的业务活动，但抽象了企业业务活动的特殊性；掩盖了企业多种业务活动的原貌，包括很多有价值的业务环节和管理思维。

（2）货币计量带来的局限，既是优点也是缺陷。会计方法是统一货币计量，这是会计综合反映特性的基础，但并非企业所有重要方面都可以用货币来计量，比如，市场开拓的支出可以用货币计量，但市场开拓本身及细分市场却无法用货币来计量；企业管理层的管理思维及管理能力、企业的客户关系资源也很难用货币计量等。

（3）历史成本带来的局限。历史成本是会计的一项基本原则，且不能随意变动，很难反映企业资产的真实价值。

（二）来自财务人员的局限

在进行财务处理过程中，虽然有比较严格的规则，但仍然需要财务人员的职业判断，有多种会计政策的选择，这种判断和选择具有财务人员的主观性差异。

会计政策，是指企业进行会计核算和编制会计报表时所采用的具体原则、方法和程序。只有在对同一经济业务所允许采用的会计处理方法存在多种选择时，会计政策才具有实际意义，因而会计政策存在一个"选择"问题。企业所选择的会计政策，将构成企业会计制度的一个重要方面。比如，存货成本的计量方法、长期股权投资的后续计量的变化、成本法和权益法的转换、无形资产的确认、研发支出资本化与费用化等。

（三）来自主体经营环境的局限

企业在规划环境和非规划环境下进行经营，财务数据对未来的预测不同，因此，财务信息的决策效应差异很大。

1. 规划预算环境下的财务信息

企业重视规划预算的作用，有完整的规划管理体系，企业一切经营活动都是在规划预算框架下进行的，每一年或者每一个阶段都是整个规划的一部分，企业的一切经营活动都是有目标的活动。因此，企业的财务数据不仅反映了企业过去的经营活动，而且可以预测未来，具有明显的决策效应。

2. 无规划预算环境下的财务信息

如果企业的经营活动没有规划，没有预算，或者说企业经营没有目标，那么这种环境下产生的财务信息只是对过去的反映，与未来的发展无关，通过这种财务信息无法预测未来。目前，大多数企业是在没有规划、没有目标的环境下学经营，其财务数据不具有决策效应。

二、财务信息局限性的突破思维

（1）通过财务信息披露的规范减少局限性的影响；

（2）推行预算管理，强化规划的作用；

（3）改进和创新财务分析方法，以此来突破经营环境带来的财务信息局限性。

课堂总结

1. 了解财务信息的局限性。
2. 了解预算规划的重要性。

第三节　投资报酬与盈利能力分析

第19课　投资报酬与盈利能力分析的重要性

一、投资报酬与盈利能力的界定

（一）投资报酬

投资报酬，是指投入的资金获得的报酬，体现投入产出关系。基本形式为：

$$投资报酬率 = \frac{报酬}{投资} \qquad (2-3)$$

报酬，有时也叫收益，有不同的计量尺度，如息税前利润、税前利润和净利润等；投资也有不同的范畴，如企业所有资金、企业长期资金、权益资金等。因此，投资报酬也有不同的计量指标。

（二）企业盈利能力

企业盈利能力，是指企业获取利润的能力，是以利润与相关含义的指标进行对比，来揭示某种获利能力。比如，利润与资产对比反映资产的获利能力、利润与权益对比反映权益的获利能力。所以可以通过一系列对比考察企业不同方面的获利能力，由此构成一系列指标体系。

二、不同盈利能力股票的市场表现差异

投资报酬及盈利能力不同，其股票的市场表现存在很大的差异。通常，收入高增长、盈利高增长、股利高增长、利润增长大于收入增长的股票的市场表现都很好。

比如，同样是银行股，招商银行的收入高增长、利润高增长、净利润增长高于收入增长、每股收益高，同时又有高的现金股利，其股票的市净率指标远大于1，达到了2左右（见表2-2）；其他银行股的市净率小于1，甚至在0.5以下。

市场表现的差异，实际上是企业投资报酬及分层报酬增长差异的体现。这些差异在证券投资中需要高度关注。

表 2-2 招商银行与浦发银行市场表现差异

股票	总股本/亿股	流通股/亿股	每股收益/元	每股净资产/元	市净率
招商银行	252	206	3.79	26.6	2.06
浦发银行	293	293	1.88	18.6	0.52

（1）招商银行股票行情：2007年10月最高达到45元/股后一路下跌到14元/股左右，之后一路上行达到57元/股（见图2-18）。

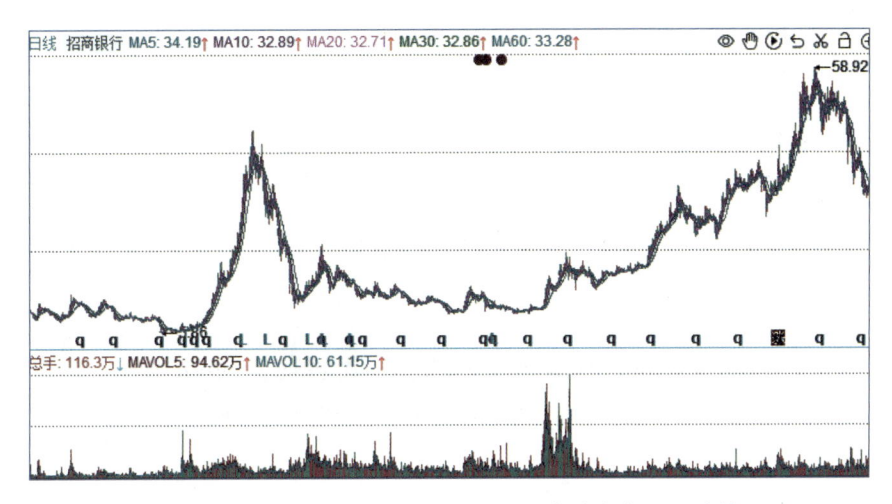

图 2-18 2002年4月至2022年9月招商银行日K走势

（2）浦发银行股票行情：2007年10月最高达到61.97元/股，之后一路下跌到12元/股，长时间横盘，目前在10元/股附近徘徊（见图2-19）。

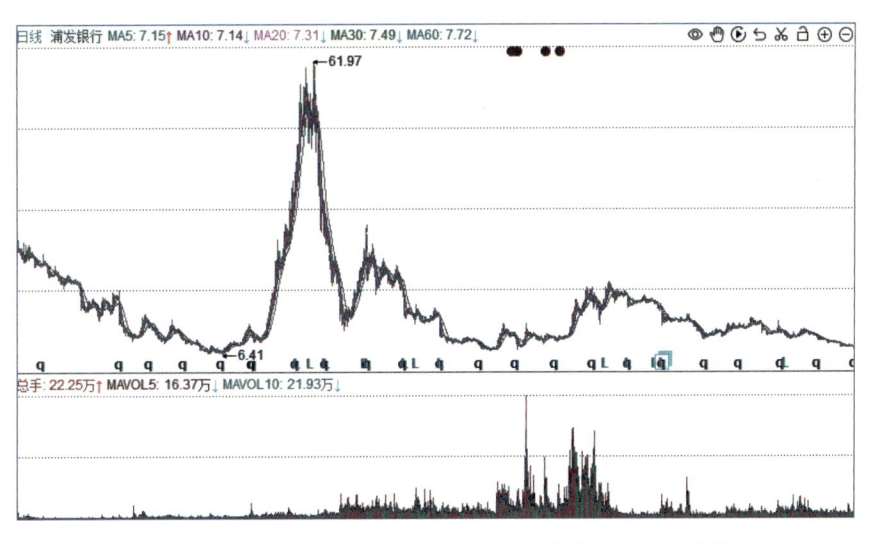

图 2-19 1999年11月至2022年7月浦发银行日K走势

（3）全通教育股票行情：2014年上市后就被爆炒，一度达到467.57元/股，随后一路下跌，到5.5元/股左右，并且长期在低价位徘徊（见图2-20）。究其原因，还是盈利能力差。2019年甚至出现严重亏损，每股收益-1.11元，2020年每股收益为0.08元。

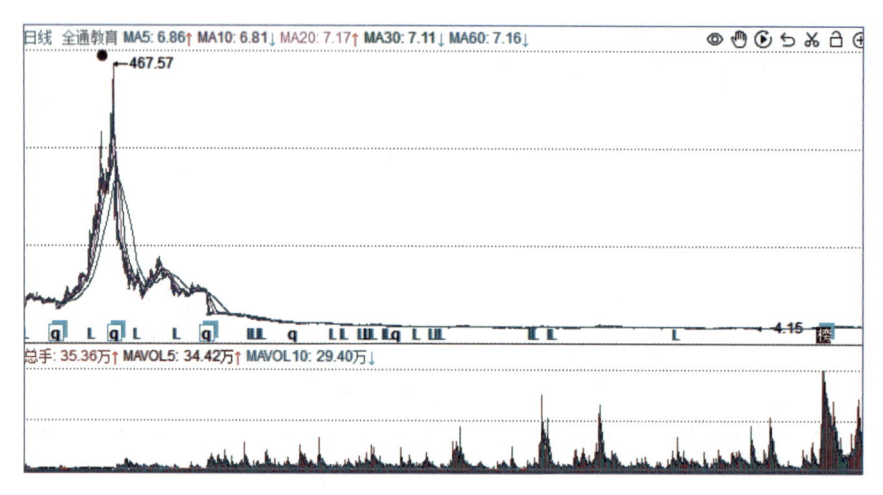

图2-20　2014年1月至2023年6月全通教育日K走势

> **课堂总结**
>
> 1. 了解企业报酬的分层指标体系及其相互关系。
> 2. 了解企业报酬分层指标考察的内容差异。
> 3. 了解分层报酬不同股票的市场表现差异。

第20课　企业报酬的分层指标体系

一、企业报酬的分层指标体系

不同层次的企业报酬，反映企业不同的经济行为，可概括为：

$$\text{收入} - \text{成本} = \text{息税前利润} - \text{利息} - \text{所得税} = \text{净利润} \tag{2-4}$$

其中成本包含变动成本和固定成本两部分，净利润包含留存和股利两部分。经营决策和经营杠杆影响息税前利润的多少，财务决策和财务杠杆决定净利润的多少，股利决策决定留存和股利的多少。

基本关系的计算如下：

$$\text{收入} - \text{变动成本} = \text{边际贡献} \tag{2-5}$$

$$\text{边际贡献} - \text{固定成本} = \text{息税前利润} \tag{2-6}$$

增加收入，能否增加息税前利润，取决于固定成本的大小，即经营杠杆的利用程度。

$$\text{息税前利润} - \text{利息} = \text{税前利润} \tag{2-7}$$

$$\text{税前利润} - \text{所得税} = \text{净利润} \tag{2-8}$$

增加息税前利润，能否增加净利润，取决于利息的多少，即财务杠杆的利用程度。

股利分配取决于股利政策、发展战略。

二、企业报酬分层指标考察的内容差异

企业报酬分层指标主要包括以下几个层次。

第一层次：收入。考察资产投资效果。资产投资的直接目的是实现收入，而收入也是利润的源泉，没有收入就不可能有利润。不能转化为收入的资产投资是无效投资。

第二层次：息税前利润。考察企业管理水平的效果，实现收入不一定能实现利润。能否实现利润主要取决于成本管理，只有降低成本才能增加利润，成本包括可变成本和固定成本。固定成本体现经营杠杆的大小，是企业经营决策的体现，对企业的意义重大。

说明：第一、第二层次考察企业的经营决策，即经营杠杆的利用程度，表示如下：

$$\text{经营杠杆度} = \frac{\text{息税前利润增长率}}{\text{收入增长率}} \tag{2-9}$$

收入增长：经营杠杆度大于1，利益；经营杠杆度小于1，风险（经营风险）。

收入下降：经营杠杆度小于1，利益；经营杠杆度大于1，风险（经营风险）。

经营风险揭示公司过度运用经营杠杆，原因是固定成本过大。

第三层次：净利润。考察企业财务决策的效果，增加息税前利润不一定会增加净利润。其中，所得税可视为一种费用，因此净利润主要取决于财务费用的多少，即借款利息费用。说明如下：

$$\text{财务杠杆度} = \frac{\text{净利润增长率}}{\text{息税前利润增长率}} \tag{2-10}$$

息税前利润增长：财务杠杆度大于1，利益；财务杠杆度小于1，风险（财务风险）。

息税前利润下降：财务杠杆度小于1，利益；财务杠杆度大于1，风险（财务风险）。

财务风险揭示公司过度运用财务杠杆，原因是利息费用过大，或者说负债过大。

综合起来就是：

$$\text{总杠杆度} = \text{经营杠杆度} \times \text{财务杠杆度} = \frac{\text{净利润增长率}}{\text{收入增长率}} \tag{2-11}$$

第四层次：股利。考察企业股利决策的效果。净利润增加不一定会增加股东的股利

分配，股利决策体现了短期利益和长期利益的协调。巴菲特的投资理念非常重视公司管理层是否考虑股东利益，也就是说，好公司的标准之一就是充分考虑股东利益。

三、企业报酬分层考察的重要意义

（一）企业报酬分层对股票市场表现的影响

企业报酬，尤其是分层报酬不同，会导致股票的市场表现存在很大的差异。通常情况，具有收入高增长、利润增长大于收入增长、股利高增长等特点的股票，其市场表现都很好；相反，企业报酬差的股票，其市场表现也差。关于这一点前述例证足以说明。

（二）企业报酬分层考察对于证券投资的意义

企业报酬分层考察可以揭示企业不同环节管理决策的质量和效果，这对于股票投资中的选股决策意义重大。

> **课堂总结**
>
> 1. 了解企业报酬的分层指标体系及其相互关系。
> 2. 了解企业报酬分层指标考察的内容差异。
> 3. 了解分层报酬不同股票的市场表现差异。
> 4. 了解企业报酬分层考察的意义。

第 21 课　企业盈利能力分析的指标体系

一、企业盈利能力的影响因素

企业盈利能力，是指企业获取利润的能力。无论是股东、债权人还是管理者，都对企业的盈利能力十分重视，债权人的安全程度和企业的健康发展与企业的盈利能力密切相关。影响盈利能力的主要因素如下。

（1）产品的市场竞争能力。

（2）企业的营销能力。

（3）资产管理水平。资产管理水平主要体现在资产投资效率上，通常由周转效率体现，因此，资产规模、结构和质量等都是重要因素。

（4）成本费用管理水平。按照理论分析，低成本竞争才是企业的核心竞争力。

（5）风险管理水平。强调企业盈利能力的持续性，避免较大波动。

二、企业盈利能力分析方法概要

企业盈利能力分析的常用方法有指标分析法、结构分析法、趋势分析法、因素分析法等。

指标分析法：通过一系列衡量企业盈利能力的财务指标分析企业的盈利能力，由此形成盈利能力指标体系。

结构分析法：主要运用统计学中的结构分析法，分析企业的盈利结构，从而揭示其盈利能力。

趋势分析法：主要是将盈利能力指标按照时间序列进行纵向的分析，揭示企业盈利能力的变动趋势，寻找盈利能力的变动规律，从而预测未来的盈利能力。

因素分析法：主要通过比较找出差距，然后通过因素分析找出形成差距的原因。

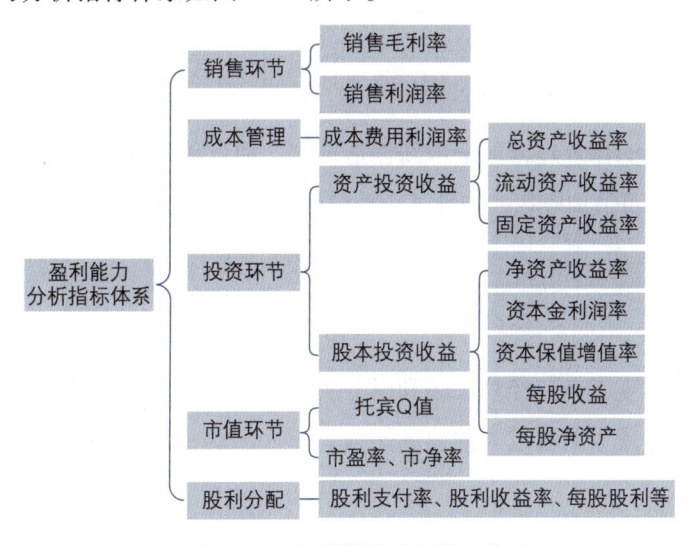

三、盈利能力分析指标体系

盈利能力分析指标体系如图 2-21 所示。

盈利能力分析指标体系：
- 销售环节：销售毛利率、销售利润率
- 成本管理：成本费用利润率
- 投资环节：
  - 资产投资收益：总资产收益率、流动资产收益率、固定资产收益率
  - 股本投资收益：净资产收益率、资本金利润率、资本保值增值率、每股收益、每股净资产
- 市值环节：托宾Q值、市盈率、市净率
- 股利分配：股利支付率、股利收益率、每股股利等

图 2-21　盈利能力分析指标体系

课堂总结

1. 了解企业盈利能力的影响因素。
2. 了解企业盈利能力的分析方法。
3. 了解企业盈利能力分析的指标体系。

第22课　总资产收益率分析

一、总资产收益率的含义

总资产收益率，又叫资产收益率（Return on Assets），是利润与平均资产总额的比值，反映的是企业总资产的盈利能力。所以在企业财务分析中是一个最常用的盈利能力指标。

二、指标计算

（一）指标计算

总资产收益率的计算，根据所采用的指标不同，有不同的计算方法，反映不同的经济含义。

1. 总资产收益率

$$总资产收益率 = \frac{息税前利润}{平均总资产} \times 100\% = \frac{净利润+利息费用+所得税}{平均总资产} \times 100\% \quad (2-12)$$

（1）息税前利润体现经营的全部新创造价值，利息和所得税也是新创造价值。
（2）资产等于负债加股权，体现了企业包括负债和股权所有资金投入的盈利能力。

2. 总资产收益率

$$总资产收益率 = \frac{净利润}{平均总资产} \times 100\% \quad (2-13)$$

（1）净利润体现了企业经营决策和财务决策等所有决策对利润创造的效果。
（2）净利润体现了股权投入的盈利能力。

3. 平均总资产

$$平均总资产 = \frac{期初总资产+期末总资产}{2} \quad (2-14)$$

（二）对指标计算的认识

总资产收益率的多种计算问题，主要是分子采用的利润指标不同所致。按照利润表的计算分析如下。

总资产收益率计算采用的利润指标：

（1）息税前利润 = 净利润+利息费用+所得税
　　　　　　　 = 利润总额+利息费用 　　　　　　　　　　　　　　　　　(2-15)

息税前利润是归属于债权人、股东和税收的利润总和。

（2）净利润+利息费用，是归属于债权人和股东的利润总和。

（3）净利润，归属于股东的利润。

（4）财政部企业经济效益评价指标体系中采用的是利润总额+利息费用。

基于证券投资分析角度，在指标计算方面，最好以净利润计算总资产收益率，如果以息税前利润计算总资产收益率，将高估总资产收益率。利润计算如图2-22所示。

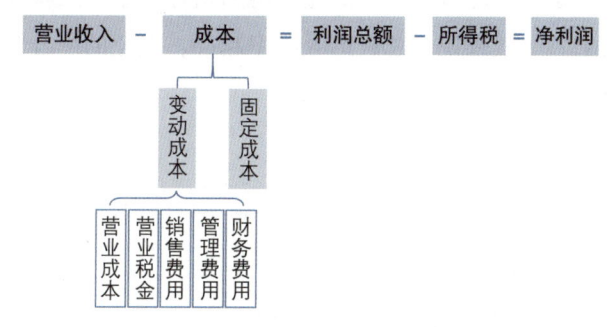

图2-22 利润计算

案例2-1 下面以贵州茅台、五粮液和四川长虹三家公司2020年的数据为例进行分析（见表2-3）。

表2-3 2020年贵州茅台、五粮液和四川长虹总资产数据

指标	贵州茅台	五粮液	四川长虹
净利润/亿元	495.25	209.13	2.31
期初总资产/亿元	1830.42	1063.96	739.89
期末总资产/亿元	2133.96	1138.93	785.88
平均总资产/亿元	1982.19	1101.45	762.89
总资产收益率/%	24.98	18.99	0.30

在此基础上，再进行趋势分析，总资产收益率的变化可以综合反映公司管理水平的动态变化。这将在趋势分析中讨论。

三、总资产收益率分析的决策效应

（一）总资产收益率的影响因素

1. 影响利润的因素

影响利润的因素包括收入、成本费用等。

2. 资产规模因素

资产规模因素包括资产多少和资产结构。

3. 资产管理水平因素

资产管理水平因素其实是前两条的结合。资产管理水平高，可以加速资产周转、降低资产规模、改善资产结构。资产周转速度、资产规模和资产结构都可以影响利润，从而影响总资产收益率。

（二）决策效应

总资产收益率，是一个综合性很强的盈利能力指标，全面反映了一个企业的综合管理水平和决策效果。一般来说，总资产收益率越高，企业的综合管理水平越高，盈利能力越强，其是投资决策的重要参考指标。

> **课堂总结**
>
> 1. 了解总资产收益率指标的含义。
> 2. 了解总资产收益率指标的计算和分析方法。
> 3. 了解总资产收益率的决策效应。

第23课　资产构成收益率分析

一、资产构成的经营性意义

（一）资产构成

按照资产负债表结构及公司资产投资内容，资产构成如图 2-23 所示。

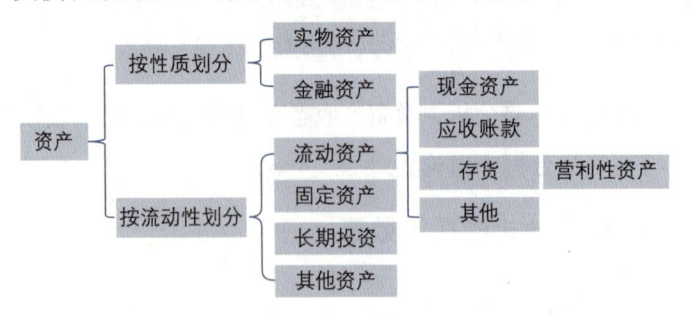

图 2-23　资产构成

注：①长期投资，主要包括长期债权投资、长期股权投资等，表现为公司的金融资产投资。尤其是长期股权投资，体现为并购。②应收账款，属于风险类资产。

（二）资产构成的经营性意义

资产构成中，与公司经营活动密切相关的资产主要为流动资产和固定资产。企业的生产经营过程可以概括为：劳动力运用劳动手段作用于劳动对象，生产出劳动产品，出售劳动产品获取收入。因此，不同资产构成体现企业的不同经营特征。

（1）资产构成可以体现企业的行业特征。体现企业行业特征的资产主要是流动资产构成中的存货及固定资产等项目。存货包括储备性存货、生产性存货和商品性存货。存货和固定资产等项目完整的企业通常属于生产性的制造业企业；没有存货的企业往往属于服务性的第三产业。因此，不同行业的资产构成差异较大。

（2）流动资产的规模及其在总资产中的比重，以及流动资产的结构变动等，可以体现企业的主营业务状况。流动资产中的存货是最主要的盈利性资产。

（3）存货中的产品可以体现企业的经营方向及其持续发展的能力。

（4）固定资产的规模及其构成，可以体现企业的制造业类型及产品的生产能力和科技水平。

二、资产构成收益分析

资产构成收益分析，除了总资产收益率，还应特别关注以下资产构成的收益率：流动资产利润率、存货利润率和固定资产利润率。平均指标，均为期初期末平均值。

（一）流动资产利润率

$$流动资产利润率 = \frac{净利润}{平均流动资产} \times 100\% \qquad (2-16)$$

流动资产利润率体现流动资产的盈利能力。流动资产是企业最主要的经营性资产，流动资产利润率体现企业经营活动的盈利能力。

（二）存货利润率

$$存货利润率 = \frac{净利润}{按成本计的平均存货总额} \times 100\% \qquad (2-17)$$

存货利润率体现存货的盈利能力，存货是企业最主要的盈利性资产，该指标也反映了企业在盈利性资产上的投资效果；将存货利润率与流动资产利润率结合分析，更能体现资产结构是否合理。

（三）固定资产利润率

$$固定资产利润率 = \frac{净利润}{平均固定资产原值} \times 100\% \qquad (2-18)$$

固定资产利润率体现企业生产力的盈利能力；固定资产是企业生产力的体现。

案例 2-2 2020年贵州茅台、五粮液、四川长虹资产构成见表2-4。

表2-4 2020年贵州茅台、五粮液、四川长虹资产构成数据

指标		贵州茅台	五粮液	四川长虹
净利润/亿元		495.25	209.13	2.31
流动资产	期初值/亿元	1590.2	966.27	523.36
	期末值/亿元	1856.5	1023.56	561.42
	平均值/亿元	1723.35	994.92	542.39
流动资产利润率/%		28.74	21.02	0.43
存货	期初值/亿元	252.85	136.79	159.37
	期末值/亿元	288.69	132.28	176.58
	平均值/亿元	270.77	134.54	167.98
存货利润率/%		182.90	155.44	1.38
固定资产	期初值/亿元	151.44	61.09	74.10
	期末值/亿元	162.25	58.67	80.72
	平均值/亿元	156.85	59.88	77.41
固定资产利润率/%		315.75	349.25	2.98

课堂总结

1. 了解流动资产构成的内容。
2. 了解资产构成的经营性意义。
3. 了解资产构成收益率的计算分析。

第24课 净资产收益率分析

一、净资产收益率的经济含义

净资产收益率，又叫"股东权益报酬率"，反映股东投入资本所获得报酬的比率，是考察企业普通股股东投入资本的报酬率的重要指标，是评价企业资本经营效益的核心指标，也是衡量企业盈利能力的核心指标。该指标受行业限制较少，适用性强。

二、指标计算

（一）一般情况

$$净资产收益率 = \frac{净利润}{平均普通股权益} \times 100\% \quad (2-19)$$

（二）如果有优先股，则要剔除优先股股利计算

$$净资产收益率 = \frac{净利润 - 优先股股利}{平均普通股权益} \times 100\% \quad (2-20)$$

说明：平均普通股权益，又叫"平均净资产"，为期初期末净资产的算术平均数。

案例 2-3 2020 年贵州茅台、五粮液、四川长虹净资产收益率相关数据如表 2-5 所示。

表 2-5 2020 年贵州茅台、五粮液、四川长虹净资产收益率相关数据

指标		贵州茅台	五粮液	四川长虹
净利润/亿元		495.25	209.13	2.31
净资产	期初值/亿元	1418.76	760.96	211.36
	期末值/亿元	1677.21	877.58	211.96
	平均值/亿元	1547.99	819.27	211.66
未分配利润	期末值/亿元	1375.94	594.43	45.18
净资产收益率/%		31.99	25.53	1.09

净资产收益率是股票价值及其价格变动最重要的决定因素。通过计算结果发现，贵州茅台和五粮液的净资产收益率都非常高，这也成为其市场行情持续强劲上涨的坚实的经济基础和价值基础。而四川长虹的净资产收益率非常低，其估值自然就低，同样地，其市场行情也就自然会持续走低。

三、股权再融资监管指标

净资产收益率是公司股权再融资最重要的监管指标。按照上市公司监管要求，为有效地保护投资者，上市公司要通过增发股份再融资，净资产收益率必须达到 10% 以上。因此，净资产收益率也是上市公司股权融资的限制因素，要股权融资，就必须提高净资产收益率。

四、陷阱和补充分析

（一）净资产收益率的陷阱

净资产收益率是净利润与净资产之比，决定该指标高度的因素有净利润和净资产，增加净利润可以提高净资产收益率，但降低净资产同样可以提高净资产收益率。亏损尤其是连续的巨额亏损、高比例的现金分红、回购股份等都可以降低净资产。然而亏损、回购股份等，尤其亏损都是极不利的影响。因此，需要详细分析净资产收益率的变动原因。

（二）净资产收益率的补充分析

由于存在一些陷阱问题，关于净资产收益率的分析结论容易失真，甚至得出错误结论，必要时可以进行一些补充分析，如关于资本金利润率和资本保值增值率等的分析。

资本金利润率反映资本金的获利能力。其计算公式为：

$$资本金利润率 = \frac{净利润}{平均资本金} \times 100\% \quad (2-21)$$

资本保值增值率反映净资产的增长情况，净资产的增长主要来自利润的增长。其计算公式为：

$$资本保值增值率 = \frac{期末股权总额}{期初股权总额} \quad (2-22)$$

净资产收益率和资本金利润率两个指标，都是采用净利润计算，指标的差异主要来自净资产和资本金的差异。两个指标越接近，说明资本金的利润积累越小，有可能是净资产收益率的陷阱因素导致，资本的保值增值率较差。

课堂总结

1. 了解净资产收益率的经济含义。
2. 了解净资产收益率指标的计算方法。
3. 了解净资产收益率指标的分析，特别注意该指标的陷阱。

第25课 销售利润率分析

一、销售利润率的经济含义

销售利润率主要反映企业在销售环节的利润率情况，通常采用销售毛利率、销售利润率、销售净利率、成本费用利润率等指标来分析。除以上指标，还可以通过销货收现率分析企业销售的质量。

二、指标计算

（一）销售毛利率

$$销售毛利 = 销售收入 - 已售产品成本 \quad (2-23)$$

$$销售毛利率 = \frac{销售毛利}{销售收入} \times 100\% \quad (2-24)$$

销售毛利率主要反映构成主营业务的商品生产和经营的获利能力。销售毛利主要取决于商品售价和单位成本。单位销售毛利越高,获利能力越强。

(二) 销售利润率

$$销售利润率 = \frac{销售利润总额}{销售收入} \qquad (2-25)$$

销售利润总额,实则为税前利润,是销售收入扣除了所有成本费用后的差额,以此来衡量企业通过销售赚取利润的能力。

(三) 销售净利率

$$销售净利率 = \frac{销售净利润总额}{销售收入} \times 100\% \qquad (2-26)$$

销售净利润总额是企业最终的获利。

(四) 成本费用利润率

$$成本费用利润率 = \frac{销售净利润总额}{成本费用总额} \times 100\% \qquad (2-27)$$

成本费用利润率反映投入产出关系。

(五) 销货收现率

$$销货收现率 = \frac{本期销售收现额}{销售收入} \times 100\% \qquad (2-28)$$

案例 2-4 2020 年贵州茅台、五粮液、四川长虹销售收益率相关数据如表 2-6 所示。

表 2-6 2020 年贵州茅台、五粮液、四川长虹销售收益率相关数据

指标	贵州茅台	五粮液	四川长虹
销售收入/亿元	949.15	573.21	944.48
已售产品成本/亿元	81.54	148.12	848.08
成本费用总额/亿元	174.19	216.47	932.43
销售毛利/亿元	867.61	425.09	96.4
销售利润总额/亿元	661.97	276.78	4.42
销售净利润总额/亿元	495.23	209.13	2.31
本期销售收现额/亿元	1070.23	626.68	984.63
销售毛利率/%	91.41	74.16	10.21
销售利润率/%	69.74	48.29	0.47
销售净利率/%	52.18	36.48	0.24
成本费用利润率/%	284.30	96.61	0.25
销货收现率/%	112.76	109.33	104.25

分析如下。

（1）销售毛利率的对比分析

三家公司的销售毛利率差异很大，贵州茅台高达 91.41%，而四川长虹仅为 10.21%，说明同为制造业企业，且同为名牌产品，不同行业的销售毛利率差异很大。同为酒类名牌产品的五粮液，其销售毛利率为 74.16%%，比贵州茅台低 17.25 个百分点。销售毛利率的决定因素有：定价高低、生产成本、销售费用。这说明与贵州茅台相比，五粮液存在一定的差距，也说明五粮液仍然有很大的降成本或涨价空间。

（2）销售利润率的对比分析

销售毛利率与销售利润率的差异：贵州茅台为 21.67 个百分点（91.41%－69.74%），五粮液为 25.87 个百分点（74.16%－48.29%）。二者的差异主要是销售税金和期间费用两部分的扣减所致。因此，五粮液的期间费用还有一定的降低空间。

（3）销售净利率的对比分析

贵州茅台的销售净利率为 52.18%，五粮液的销售净利率为 36.48%，相差 15.7%，形成这种差距的主要原因是定价、成本和期间费用的差异。成本和期间费用都体现了公司管理水平，该类指标在同类产品中具有可比性，说明五粮液在成本费用管理方面还有一定的提升空间。

（4）成本费用利润率的对比分析

成本费用利润率体现的是投入产出关系，贵州茅台最好，五粮液次之，说明五粮液在成本费用的管理上仍有很大的提升空间。四川长虹最差。

（5）销货收现率的对比分析

销货收现率指标中的本期销货收现额，采用现金流量表中的销售商品收到的现金来计算，严格意义上讲，应该是本期销售的收现，但在报表中的收现既包括收取的本期销货款，也包括收取的往期销售形成的应收账款，报表资料无法区分；三家公司本年度的销货收现率都不错，均超过了100%，其中，贵州茅台最好，这也是品牌效应带来的销货收现高。

> **课堂总结**
>
> 1. 了解销售利润率的经济含义。
> 2. 了解相关指标计算。
> 3. 了解分析方法。

第 26 课　每股盈利能力分析

一、每股盈利能力的经济含义

每股收益，也称"每股盈余"，是考察企业普通股每股的盈利能力及增值能力的重要指标，也是股权投资决策的重要依据。通常以每股收益、每股净资产、每股经营活动现金净流量、盈利质量比率等指标来衡量。

二、指标计算

（一）每股收益

$$每股收益 = \frac{净利润}{普通股总股本} \tag{2-29}$$

每股收益是反映公司盈利能力的重要指标，能反映每股普通股的盈利水平，是股民进行股权投资决策的重要依据。

（二）每股净资产

$$每股净资产 = \frac{股东权益总额 - 优先股权益总额}{普通股总股本} \tag{2-30}$$

每股净资产又叫"每股账面价值"，是每股的实有资产价值，也是股民进行股权投资决策的重要依据。

（三）每股经营活动现金净流量

$$每股经营活动现金净流量 = \frac{经营活动现金净流量 - 优先股股利}{普通股总股本} \tag{2-31}$$

每股经营活动现金净流量反映企业利用权益资本获得经营现金流量的能力，是对每股收益的修正或补充，也是衡量每股收益质量的重要补充指标，体现企业发放股利的能力。

（四）盈利质量比率

$$盈利质量比率 = \frac{经营活动净现金流量}{净利润} \times 100\% \tag{2-32}$$

盈利与现金流对比，反映盈利质量。

案例 2-5　2020 年贵州茅台、五粮液、四川长虹每股盈利能力相关数据如表 2-7 所示。

证券投资分析：微观经济分析

表2-7 2020年贵州茅台、五粮液、四川长虹每股盈利能力相关数据

指标	贵州茅台	五粮液	四川长虹
净利润/亿元	495.23	209.13	2.31
净资产/亿元	1677.21	877.58	211.96
经营活动现金净流量/亿元	516.69	146.98	13.87
普通股总股本/亿股	12.56	38.82	46.16
每股收益/元	39.43	5.39	0.05
每股净资产/元	133.54	22.61	4.59
每股经营活动现金净流量/元	41.14	3.79	0.30
盈利质量比率	1.04	0.70	6.00

分析如下。

（1）每股收益的对比分析

每股收益是净利润与普通股总股本之比，因此其与净利润的多少呈正相关，与普通股总股本呈负相关。对于那些增资扩股的企业而言，在净利润不可能增加的前提下，扩股会降低每股收益，即产生稀释效应。因此，对于增资扩股需持谨慎态度。

（2）每股净资产的对比分析

每股净资产是净资产与总股本之比。其中，净资产包括股本、资本公积、盈余公积和未分配利润等。除了溢价发行股份，对公司净资产影响最大的就是公司每年的盈利积累。影响每股净资产的因素有：净利润的变动及股利分配情况。

①溢价发行股份，净资产增加；回购股份，净资产减少。

②实现利润，净资产增加。

③股利分配引起净资产的变化：发放现金股利，净资产减少；送股和资本公积转增股本净资产不变，但每股净资产减少。因此，送股和转增股本属于资本股本扩张行为，需谨慎对待。

本例中，四川长虹的股本最大，可能是四川长虹长期股本扩张的结果，导致每股收益很低；其次是五粮液；贵州茅台的收入远高于五粮液，但股本只有五粮液的32.35%，而净资产却是五粮液的近2倍。

可见，提高盈利能力才是提高每股收益和每股净资产的最根本途径。

（3）每股收益和每股经营活动现金净流量的对比分析

每股收益反映企业股本的盈利能力；每股经营活动现金净流量则是衡量每股收益质量的重要指标，也是衡量公司销售收入质量的重要指标，还是衡量股利分配能力的重要指标。贵州茅台的每股收益是五粮液的7.32倍，而贵州茅台的每股经营活动现金净流量却是五粮液10.85倍。也可以直接用盈利质量比率指标进行分析。当然，五粮液的这

些效益指标仍然是非常好的，只是对比发现其与贵州茅台仍有差距，有进一步改进的空间。

> **课堂总结**
>
> 1. 了解每股盈利能力的经济含义。
> 2. 了解每股盈利能力分析的指标计算。
> 3. 了解每股盈利能力指标的对比分析。

第 27 课　股利政策及股利分配能力分析

一、股利政策分析

（一）概念解释

股利政策，是指公司进行股利分配的行动准则，包括是否发放股利、发放多少股利、什么时候发放股利、采取什么股利形式等内容。在我国，关于股利分配有相应的法规规定。

比如股利分配的频率，通常在年度或者半年度发放股利，绝大部分是年度发放股利。公司是否发放股利，取决于《中华人民共和国公司法》和公司章程的规定，以及公司未来发展战略。

（二）股利形式

目前，我国上市公司股利分配采用的形式主要有现金股利和股票股利，可以是单一的也可以是组合的方案。比如某公司的股利分配方案：

①10∶2 派现，含税，即每 1 股派发 0.2 元现金，现金股利。
②10∶3 送股，即每 1 股送 0.3 股红股，利润中送，股票股利。
③10∶2 转股，即每 1 股转增 0.2 股，公积金转增，股票股利。

从表面看，股利比例达到 10∶7，股利优厚。细分析发现，送股和转增股份，既不引起现金流出，也不影响净资产的变化，但公司总股份增加，属于股份扩张行为。如果没有利润的相应增长，股份扩张就会导致每股收益下降，即为稀释效应，不利于股票价格的市场表现；如果有持续的利润增长机会，那么适当的股份扩张有利于股票价格的市场表现。

（三）股利支付率

股利支付率，是指公司实现净利润后用于股利分配的净利润占总利润的比例，按照每股支付的多少来表示，即每股股利。股利支付率既涉及股东短期利益和长期利益的协调问题，又涉及公司价值问题，一直是一个理论难点，叫作"股利之谜"，同时也是一个很难解决又必须解决的现实问题。

二、股利分配能力分析

（一）股利分配能力的含义

股利分配能力，是衡量公司实现利润后进行股利分配的能力。通常采用每股收益、每股经营活动现金净流量、股利支付率、留存盈利率、每股股利、股利保障倍数、股利收益率等指标来衡量。其中，每股收益、每股经营活动现金净流量指标已在每股盈利能力分析中讨论过，在此不再重复。

（二）指标计算

1. 股利支付率

股利支付率，又叫"股利发放率"，反映公司实现利润后的股利分配比例。

$$股利支付率 = \frac{股利总额}{净利润} = \frac{普通股每股股利}{每股收益} \quad (2-33)$$

2. 留存盈利率

留存盈利率反映公司留存收益的比例。

$$留存盈利率 = \frac{净利润 - 股利总额}{净利润} \times 100\% \quad (2-34)$$

$$留存盈利率 = 1 - 股利支付率 \quad (2-35)$$

3. 每股股利

$$每股股利 = \frac{普通股股利总额}{总股份} \quad (2-36)$$

每股股利反映公司普通股股东的股利收益，是股票价值的主要决定因素。

4. 股利保障倍数

$$股利保障倍数 = \frac{普通股每股收益}{每股股利} \quad (2-37)$$

股利保障倍数是一个安全性指标，反映在公司每股股利水平不变的前提下，每股收益减少到什么程度公司仍然能够保持目前的股利水平。

5. 股利收益率

$$股利收益率 = \frac{普通股每股股利}{每股市价} \times 100\% \quad (2-38)$$

股利收益率反映股利收益水平，是决定股票价值的主要因素。

案例 2-6 2020 年贵州茅台、五粮液、四川长虹股利、留存相关数据如表 2-8 所示。

表 2-8 2020 年贵州茅台、五粮液、四川长虹股利、留存相关数据

指标	贵州茅台	五粮液	四川长虹
利润分配方案	10∶192.93 派现	10∶25.8 派现	10∶0.1 派现
净利润/亿元	495.23	209.13	2.31
股利总额/亿元	242.36	100.15	0.461624
总股份/亿股	12.56	38.82	46.16
每股经营活动现金净流量/元	41.14	3.79	0.3
12 月 31 日收盘价/元	1998	291.85	2.90
每股收益/元	39.43	5.39	0.05
每股股利/元	19.29	2.58	0.01
股利支付率/%	48.94	47.89	19.98
留存盈利率/%	51.06	52.11	80.02
股利收益率/%	0.96	0.88	0.34
股利保障倍数	2.04	2.09	5.00

分析如下。

（1）股利支付率的对比分析

贵州茅台和五粮液的股利支付率都接近 50%，将净利润的 50% 以上留存并再投资。一般来讲，公司股利支付率高，而且是高比例的现金股利，一方面说明公司效益好，现金流量充足，充分考虑了股东利益；另一方面说明公司目前再投资的资金需求不大，或者是公司目前还没有更好的投资项目，这将影响公司未来的发展。而四川长虹的股利支付率只有接近 20%，留存比例则达到 80% 以上，主要是四川长虹的净利润太少所致。

（2）股利收益率的对比分析

三家公司的股利收益率都不到 1%，还不到银行一年期定期存款利率，即使是高比例现金股利的贵州茅台和五粮液，由于公司股票市价相对较高，投资者的投资成本较大，也大大降低了股利收益率。对这种问题的解释，涉及股票估值和对资本市场有效性的认识问题。

课堂总结

1. 了解股利政策的内容及形式。
2. 了解股利分配能力的含义。
3. 了解股利分配能力的指标计算。

第28课 企业价值的市场表现能力分析

一、企业价值的衡量

(一) 企业价值的体现

按照资产负债表,企业价值可以体现为:资产总额($\sum A$);负债和股权总额($B+S$),具体项目如表2-9所示。

表2-9 企业价值体现分类

资产	金额	负债和股权	金额
流动资产		流动负债	
固定资产		长期负债	
无形资产		负债合计(B)	
长期投资		股权(S)	
其他资产			
资产总额($\sum A$)		负债和股权总额($B+S$)	

(二) 企业价值的计量

1. 账面价值计量(财务学思维)

两类价值的关系:

$$资产 = 负债 + 股权 \tag{2-39}$$

2. 市场价值计量(金融学思维)

资产价值主要体现在商品市场价值上,而负债和股权的价值主要体现在金融市场的价值上。此时,资产价值与负债加股权价值不一定相等。

假定负债市场价值等于面值:

(1) 资产价值 = 负债价值+股权价值,说明两个市场价值一致;

(2) 资产价值 > 负债价值+股权价值,说明股票价格跌破账面价值;

(3) 资产价值 < 负债价值+股权价值,说明股票价格有较好的市场表现。

尤其是第三种情形,投资者愿意出更高的价格购买该公司的股票,主要是因为在未来公司资产可能会为股东带来更多的收益,使股票市场价值高于账面价值。

因此,研究股票市场价值与账面价值的关系,对于股权投资非常重要。股票的市场价值越高,投资收益可能越大。

二、企业价值的市场表现能力

企业价值，可以是企业整体价值，也可以是股权价值。市场价值与账面价值两种估值的差异，通常可采用以下指标来分析。

1. 市盈率

$$市盈率 = \frac{普通股每股市价}{普通股每股收益} \times 100\% \tag{2-40}$$

市盈率，又叫"市价收益比"，或者"以盈利收回投资的时间"。市盈率越高，市场表现越好，但风险也越大。

2. 市净率

$$市净率 = \frac{普通股每股市价}{每股净资产} \times 100\% \tag{2-41}$$

市净率反映股票的市场价值与账面价值的比例，也是股票价格市场表现指标。

3. 托宾 Q 值

$$托宾\ Q\ 值 = \frac{资产的市场价值}{资产的重置成本} \tag{2-42}$$

托宾 Q 值可以反映一个企业两种不同估计价值的比值，分子是公司在金融市场的价值，包括股票的市场价值和债务资本的市场价值，债务的市值可用账面价值代替；分母是公司资产的重置成本。

案例 2-7 2020 年贵州茅台、五粮液、四川长虹企业价值相关数据如表 2-10 所示。

表 2-10 2020 年贵州茅台、五粮液、四川长虹企业价值相关数据

指标	贵州茅台	五粮液	四川长虹
每股收益/元	39.43	5.39	0.05
每股净资产/元	133.54	22.61	4.59
2020 年 12 月 31 日收盘价/元	1998.00	291.85	2.9
市盈率	50.67	54.15	58.00
市净率	14.96	12.91	0.63

分析如下。

（1）市净率对比分析

市净率指标，贵州茅台为 14.96 倍，五粮液为 12.91 倍。当市净率大于 1 时，说明市场认可该股票，股价呈上涨趋势，但市净率过高，也存在价值高估之嫌，风险增大。这涉及股票估值问题，不在本节的讨论范围。相反，当市净率小于 1 时，跌破净值，说明市场表现较差。四川长虹股票市净率为 0.63 倍，究其原因还是收益低，并

且改善无望,只能被投资者抛弃,导致股价下跌。

(2) 市盈率对比分析

市盈率指标,贵州茅台为 50.67 倍,五粮液为 54.15 倍,四川长虹为 58 倍,三只股票都在 50 倍以上,但其含义完全不同。贵州茅台和五粮液市盈率 50 倍以上,是公司有较高的盈利能力,股价的市场表现好,股价上涨的结果;而四川长虹市盈率为 58 倍,股价下跌并且跌破净值,是公司盈利能力差所致。

因此,做证券投资,关注公司盈利能力至关重要。

> **课堂总结**
>
> 1. 了解企业价值的衡量原理。
> 2. 了解企业价值的市场表现能力。

第29课　杜邦模型分析

一、杜邦模型的分析思维

杜邦模型是利用相关财务比率的内在联系构建一个综合的指标体系,考察企业整体财务状况和经营成果的一种分析方法。这种方法由美国杜邦公司于 20 世纪 20 年代创建,故称为"杜邦模型"或者"杜邦分析法"。

二、杜邦模型的分解

$$股东权益收益率（净资产收益率） = \frac{净利润}{股东权益} \times 100\%$$

$$= \frac{净利润}{总资产} \times \frac{总资产}{股东权益} \times 100\%$$

$$= 总资产收益率 \times 权益乘数 \times 100\% \quad (2\text{-}43)$$

$$总资产收益率 = \frac{净利润}{总资产} \times 100\%$$

$$= \frac{净利润}{主营业务收入} \times \frac{主营业务收入}{总资产} \times 100\%$$

$$= 主营业务净利率 \times 总资产周转率 \quad (2\text{-}44)$$

$$股东权益收益率 = 主营业务净利率 \times 总资产周转率 \times 权益乘数 \quad (2\text{-}45)$$

上述公式还可以进一步分解,如净利润=收入-成本费用;总资产又由不同类型资产构成,不同资产对周转的影响不同;权益乘数,实际上是公司融资问题,是资本结构问题等。综上所述,公司的资产、负债等都会影响权益收益率,包括公司经营决策和财务决策。因此,杜邦模型是一种综合性的分析方法。

三、知名的原因

杜邦模型虽然是一种综合性的分析方法,但仍然是一种指标分析方法,其核心指标是权益收益率。其被称为知名的杜邦模型的理由如下。

(1) 权益收益率指标的出发点在股东,这符合"股东至上"是有关公司研究的出发点的原则,公司治理制度同样是以股东利益为出发点。

(2) 权益收益率分析实际采用的是因素分析法,研究的是权益收益率的影响因素。杜邦模型将权益收益率分解为多个因素,首先分解出来的是总资产收益率和权益乘数之积。也就是说,总资产收益率体现公司经营决策的效果,权益乘数体现公司融资决策的效果,这些都会影响权益收益率。进一步分解得到其影响因素有资产周转率、主营业务净利率、收入和费用、资产负债和权益等,包括企业的盈利能力、运营能力、风险及偿债能力等。

案例 2-8 2020 年贵州茅台、五粮液、四川长虹股东权益收益率、总资产收益率相关数据如表 2-11 所示。

表 2-11 2020 年贵州茅台、五粮液、四川长虹股东权益收益率、总资产收益率相关数据

		贵州茅台	五粮液	四川长虹
指标	净利润/亿元	495.23	209.13	2.31
	平均总资产/亿元	1982.19	1101.45	762.89
	平均总权益(净资产)/亿元	1547.98	819.27	211.66
	主营业务收入/亿元	979.93	573.21	944.48
指标计算	主营业务净利率/%	50.54	36.48	0.244
	总资产周转率/%	49.44	52.04	123.80
	总资产收益率/%	24.98	18.98	0.30
	权益乘数	1.28	1.35	3.60
	权益收益率/%	31.99	25.53	1.09

分析如下。

(1) 总资产收益率的对比分析

贵州茅台的总资产收益率为 24.98%,比五粮液的 18.98% 高出了 6 个百分点。主要是因为主营业务净利率高出 14.06 个百分点。由此可见,贵州茅台在成本费用的管控方面优于五粮液,但由于贵州茅台的总资产较大,总资产周转率低于五粮液 2.6

个百分点。同是知名品牌的四川长虹,总资产收益率仅为 0.30%,销售收入虽然很高,但成本费用太高,盈利很少。

(2)权益乘数的对比分析

贵州茅台和五粮液的权益乘数相差不大,都在 1.3 左右,五粮液略高,说明这两家公司主要靠股权融资,负债比例较小;而四川长虹的权益乘数为 3.6,负债率高达 70% 以上,说明四川长虹主要靠负债融资维持公司的运行,其财务风险较大。

课堂总结

1. 了解杜邦模型的分析思维。
2. 了解杜邦模型的分解。
3. 了解杜邦模型的分析。

第 30 课 企业盈利能力综合分析

一、综合分析的作用

通过综合分析,将企业盈利的各环节综合起来,可以有效地避免单个指标分析的缺陷,更系统地考察企业的盈利能力及其影响因素,为投资决策提供更有效的依据。

案例 2-9 2020 年贵州茅台、五粮液、四川长虹盈利能力综合分析指标如表 2-12 所示。

表 2-12 2020 年贵州茅台、五粮液、四川长虹盈利能力综合分析指标

指标	贵州茅台	五粮液	四川长虹
主营业务收入/亿元	949.15	573.21	944.48
净利润/亿元	495.25	209.13	2.31
平均总资产/亿元	1982.19	1101.45	762.89
平均净资产/亿元	1547.98	819.27	211.66
总股份/亿股	12.56	38.82	46.16
经营活动净现金流量/亿元	516.69	146.98	13.87
2020 年 12 月 31 日收盘价/元	1998	291.85	2.90
净资产收益率/%	31.99	25.53	1.09
销售毛利率/%	91.41	74.16	10.21
销售净利率/%	52.18	36.48	0.24

续表

指标	贵州茅台	五粮液	四川长虹
总资产收益率/%	24.98	18.99	0.30
流动资产收益率/%	28.74	21.02	0.43
存货收益率/%	182.90	155.44	1.38
固定资产收益率/%	315.75	349.25	2.98
每股收益/元	39.43	5.39	0.05
每股经营活动现金净流量/元	41.14	3.79	0.30
每股净资产/元	133.54	22.61	4.59
每股股利/元	19.29	2.58	0.01
股利支付率/%	48.94	47.89	19.98
市盈率	50.67	54.15	58
市净率	14.96	12.91	0.63

二、企业盈利能力综合分析

（一）净资产收益率对比分析

贵州茅台净资产收益率最高，为31.99%；其次是五粮液，为25.53%。两者都是绝对的绩优股。而四川长虹只有1.09%，为绩差股。三家公司都是知名品牌，差距为什么这么大？

（二）销售环节的对比分析

同类产品比较，贵州茅台的主营业务收入为949.15亿元，远超五粮液的573.21亿元。销量和价格对收入都有影响，对于收入差距是什么因素造成的，要进行具体分析。

（三）成本费用管理环节的对比分析

同类产品比较，贵州茅台的销售毛利率为91.41%，五粮液为74.16%，说明贵州茅台的生产成本管理较好。五粮液可以降低成本、增加利润。低成本策略是一种核心竞争力。同为知名品牌的四川长虹，销售毛利率仅为10.21%，成本较高；销售净利率更低，仅为0.24%，这同样说明其销售管理成本及费用较高。四川长虹的毛利率和净利率都很低，究其原因，可能是在产品和管理方面缺乏竞争力，而且两者多年几乎没有什么变化，可能是经营理念的深层次原因影响。

（四）每股收益及收益质量的对比分析

贵州茅台每股收益为39.43元，五粮液为5.39元，二者每股经营活动现金净流量分别为41.14元和3.79元，说明公司收入及收益的质量较好，现金流充足；但同时有可能存在现金流过剩的现象。二者都是绝对的绩优股。二者的每股收益和每股经营活动现金净流量的差距主要来源于其股本数量的差距。四川长虹无论是每股收益还是每股经营活动现金净流量都比较低。

（五）股利分配环节的对比分析

在股利分配方面，贵州茅台和五粮液都采取了高比例的现金股利，股利支付率都为近50%，正因为公司有充足的现金流，才有高比例的现金股利。

> **课堂总结**
>
> 1. 了解企业盈利能力综合分析的作用。
> 2. 了解企业盈利能力综合分析的方法。

第四节 经营效率及营运能力分析

第31课 经营效率及营运能力分析的意义

一、营运周期与经营效率

（一）企业经营过程

按照马克思再生产理论，生产过程可概括为：劳动力运用劳动手段作用于劳动对象，生产出劳动产品，通过销售实现销售收入。产业资本从 G 到 G′完成一次资本循环，周而复始地循环，叫作"资本周转"。

1. 再生产过程

再生产过程流程如图 2-24 所示。

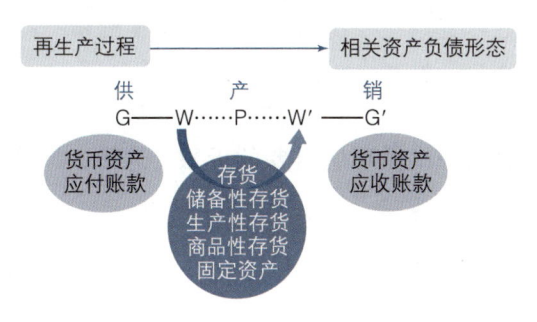

图 2-24　再生产过程流程

2. 相关资产负债形态

相关资产负债形态如图 2-25 所示。

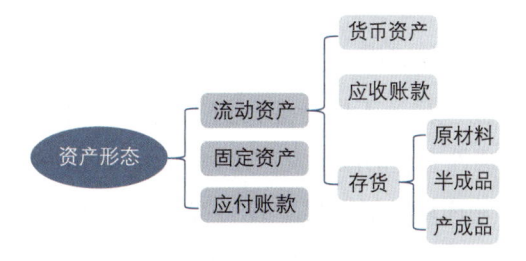

图 2-25　经营过程流程

(二)营运周期

图 2-24 中,产业资本循环从 G 到 G′就是一个营运周期,或者叫一个经营周期。不同行业的营运周期不同。一个完整的营运周期,从货币资本购买原材料开始,到销售产品收回货币结束。

(三)经营效率

经营效率是企业经营活动循环周转速度的体现。从资产投资角度来看,经营效率也是企业资产在生产经营中循环周转的速度,周转速度越快,效率越高。

二、资产管理与营运能力

营运能力,是指企业资产的综合管理水平,能反映资产周转速度的快慢、利润额的大小、利润率的高低、扩张速度的快慢、偿债能力、履约能力等。周转速度越快、利润额越大、利润率越高、扩张速度越快,企业资产管理水平越高,营运能力越强,经济效益越好。周转率是体现营运能力的重要指标之一,包括每年周转次数和周转天数。

$$资产周转率 = \frac{计算期的资产周转额}{计算期资产平均占用额} \tag{2-46}$$

$$资产周转期 = \frac{计算期天数}{资产周转次数} \tag{2-47}$$

资产周转期,是指完成一次循环所需要的天数。通常,计算期为一年,一年按 360 天计算。

三、经营效率及营运能力的影响因素

(一)产品销售状况

由周转期的含义可知,销售收入是最主要的周转额。所以产品的市场竞争力强,供不应求,产品的销售状况越好,周转额越大,经营效率就越高,营运能力就越强。

(二)营运周期的长短

影响营运周期的因素有以下几个。

(1)企业所在的行业差异。不同行业的资产构成不同,固有的营运周期不同。比如,生产性企业比流通性企业的固定资产比例高,其营运周期相对较长。

(2)信用交易的平均周期。信用交易的平均周期包括应收账款和应付账款的平均周转期时长。这与企业产品的市场竞争力和采取的信用政策相关。在信用交易条件下,信用环节影响到企业的营运周期。现金周转期为:

$$现金周转期 = 营运周期 + 应收账款周转期 - 应付账款周转期 \tag{2-48}$$

（3）企业经营规模的差异。
（4）企业资产构成的差异。

四、营运能力分析的重要性

证券投资，就是要寻找有持续价值增长潜力的股票进行价值投资，以获得较高的投资收益。而公司高水平的资产管理及其所体现的经营效率和营运能力就是持续价值增长潜力的一个重要来源。周转越快，效率越高，价值创造能力越强。因此，营运能力分析对于证券投资决策非常重要。

> **课堂总结**
>
> 1. 了解企业的经营过程。
> 2. 了解经营效率及营运能力的经济含义。
> 3. 了解经营效率及营运能力的影响因素。

第32课　影响营运能力的因素及营运能力分析指标体系

一、资产构成对营运能力的影响

（一）资产构成

企业资产由流动资产和固定资产等构成，其在生产经营过程中会产生资产形态变化。其中，最主要的企业资产形态如图 2-26 所示。

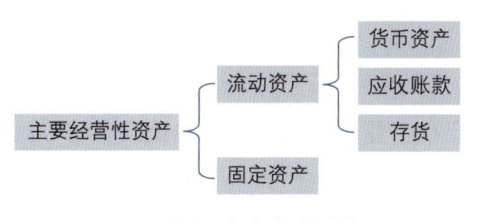

```
                    ┌─ 货币资产
         ┌─ 流动资产 ─┼─ 应收账款
主要经营性资产 ─┤         └─ 存货
         └─ 固定资产
```

图 2-26　企业资产形态

不同的资产构成体现不同的行业特征。通常，如果主要经营性资产都完整，则属于生产性企业；如果存货不完整，则一般属于商业类企业，有的商业类企业甚至连商品存货都没有，如哑铃式经营模式的商业，现在还有很多网店等都属于这一类；如果没有存货，则一般属于服务性企业。在生产性企业中，可以根据固定资产所占比例的不同，将其区分为不同类型的生产性企业。因此，财务报表中各项目的比例结构可以清楚地揭示企业的行业特征。

（二）资产构成对营运能力的影响

1. 对企业流动性的影响

资产的流动性，是指资产的变现能力。不同资产的流动性不同，一般来讲，流动资产的流动性要强于固定资产。而不同流动资产的变现能力也不同，一般来讲，存货的变现能力弱；应收账款的变现能力虽然强于存货，但存在无法收回的风险，属于风险类资产。由此可见，资产构成直接影响资产的变现能力，进而影响整个企业的流动性。

2. 对企业收益的影响

不同资产获取收益的能力不同。对于生产性企业而言，固定资产是生产工具，是非盈利资产，不能太多，但少了又影响企业产品的生产能力，进而影响盈利能力，因此，固定资产的比例要保持在一个合理的范围；存货虽然流动性差，但属于盈利资产，生产性企业主要靠存货的销售实现收入，所以，存货不能太少，少了会直接影响企业的销售收入；应收账款属于风险资产，但在买方市场的背景下，没有信用销售，可能会直接影响企业的销售，所以也要求适度管理。

3. 对企业风险的影响

不同资产的价值变动风险不同。一般来讲，资产的期限与风险呈正相关，即期限短，受不确定性的影响小，价值变动的风险就小。因此，流动资产的价值变动风险相对较小；而长期资产在长期内受不确定性因素的影响较大，相应地，其价值变动的风险也较大；同时，不同资产为企业带来的经营风险也不同，如前述固定资产等长期资产形成的固定成本较大，其经营风险就大。所以不同的资产结构直接影响企业的风险程度。

4. 不同的资产结构直接影响经营效率

固定资产等长期资产在企业资产结构中的占比高，将导致经营效率减慢。在生产性企业中，固定资产代表了企业的生产力水平，但过高比例的固定资产既会增大经营风险，又会直接影响经营效率。因此，企业在固定资产的投资方面，应当保持一个合理的水平。

二、营运能力分析的指标体系

营运能力分析主要采用的指标如图 2-27 所示。

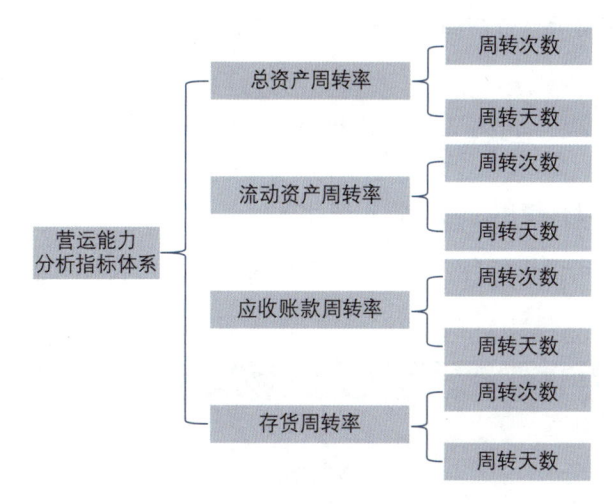

图 2-27 营运能力分析指标体系

> **课堂总结**

1. 了解资产构成对营运能力的影响。
2. 了解营运能力分析的指标体系。

第 33 课 总资产周转率分析

一、总资产周转率的经济含义

总资产周转率，是反映企业全部资产周转速度的指标，可用于分析企业全部资产的使用效率。在企业销售利润率为正的情况下，企业总资产周转率越高，企业的盈利能力越强，为股东创造的价值越高；企业总资产周转率越低，企业利用全部资产进行经营的效率越差，最终影响企业的获利能力。

二、指标计算

1. 总资产周转率

$$总资产周转率 = \frac{总收入净额}{平均总资产} \tag{2-49}$$

总资产周转率表示总资产在一年时间周转多少次。

2. 总资产周转期

$$总资产周转期 = \frac{360}{总资产周转率} \tag{2-50}$$

总资产周转期表示总资产周转一次所需要的天数。

3. 平均总资产

$$平均总资产 = \frac{期初总资产 + 期末总资产}{2} \tag{2-51}$$

总收入净额可以直接用总营业收入来计算。

案例 2-10 2020 年贵州茅台、五粮液、四川长虹总资产收益率相关数据见表 2-13。

表 2-13 2020 年贵州茅台、五粮液、四川长虹总资产收益率相关数据（一）

指标	贵州茅台	五粮液	四川长虹
总营业收入/亿元	949.15	573.21	944.48
期初总资产/亿元	1830.42	1063.96	739.89
期末总资产/亿元	2133.96	1138.93	785.88
平均总资产/亿元	1982.19	1101.45	762.89
总资产周转率（次/年）	0.48	0.52	1.24
总资产周转期/天	750	692	290

分析如下。

贵州茅台的总资产周转率为 0.48 次/年，是三者中最低的；五粮液的总资产周转率为 0.52 次/年；四川长虹的总资产周转率为 1.24 次/年，在三家公司中最高。在酒类公司中，贵州茅台和五粮液属于同类，具有可比性，这两家公司的总资产周转率都在 0.5 次/年左右。是否合理，需要分析所有酒类公司，寻找该类公司的平均周转率，据此进行对比分析。

贵州茅台总资产周转率慢于五粮液 0.04 次/年，贵州茅台的资产规模较大应该是原因之一。虽然仅仅只有 0.04 次/年的差距，但也是一个值得注意的问题，具体情况需要结合资产构成进行详细分析。

四川长虹的总资产周转率为 1.24 次/年，没有可比性。如果单纯分析四川长虹的资产周转情况，需要与家电行业的同类公司进行对比分析。

三、总资产周转率的深层次分析

由于总资产周转率受到资产规模及结构的影响，尤其是资产结构对资产周转率的影响意义重大，对此作进一步因素分析。

$$总资产周转率 = \frac{总收入净额}{平均流动资产} \times \frac{平均流动资产}{平均总资产}$$

$$= 流动资产周转率 \times 流动资产占总资产的比重 \tag{2-52}$$

或者

$$总资产周转率 = \frac{总收入净额}{平均固定资产} \times \frac{平均固定资产}{平均总资产}$$

$$= 固定资产周转率 \times 固定资产占总资产的比重 \qquad (2\text{-}53)$$

案例 2-11 2020 年贵州茅台、五粮液、四川长虹总资产收益率相关数据如表 2-14 所示。

表 2-14 2020 年贵州茅台、五粮液、四川长虹总资产收益率相关数据（二）

指标	贵州茅台	五粮液	四川长虹
总营业收入	949.15	573.21	944.48
平均流动资产/亿元	1723.35	994.92	542.39
平均固定资产/亿元	156.85	59.88	77.41
平均总资产/亿元	1982.19	1101.45	762.89
流动资产占比/%	86.94	90.33	71.10
固定资产占比/%	7.91	5.44	10.15
流动资产周转率（次/年）	0.55	0.58	1.74
固定资产周转率（次/年）	6.05	9.57	12.20
总资产周转率（次/年）	0.48	0.52	1.24
总资产周转期/天	750	692	290

贵州茅台总资产周转率 = 流动资产占比 × 流动资产周转率

= 固定资产占比 × 固定资产周转率

= 86.94% × 0.55 = 7.91% × 6.05 = 0.48（次/年）

五粮液总资产周转率 = 流动资产占比 × 流动资产周转率

= 固定资产占比 × 固定资产周转率

= 90.33% × 0.58 = 5.44% × 9.57 = 0.52（次/年）。

四、总资产周转率分析的决策意义

前述盈利能力分析是投资决策的主要依据，而通过提高资产管理水平，加速资产周转，是经济效益的管理基础，没有资产管理水平的提高，盈利能力就不可能提高，而且总资产周转率是较全面反映管理水平的财务指标。所以总资产周转率分析，对于投资决策具有重要的决策效应。

> **课堂总结**

1. 了解总资产周转率的经济含义。

2. 了解总资产周转率的指标计算方法。
3. 了解总资产周转率的分析意义。

第 34 课 资产周转率分析

一、资产周转率

总资产周转率反映企业全部资产的周转速度快慢，一般用于分析企业全部资产的使用效率。但企业的资产由不同部分构成，每一部分的周转率都是不同的，不同部分的周转情况都将直接影响总资产周转率指标。企业主要经营性资产构成如图 2-28 所示。

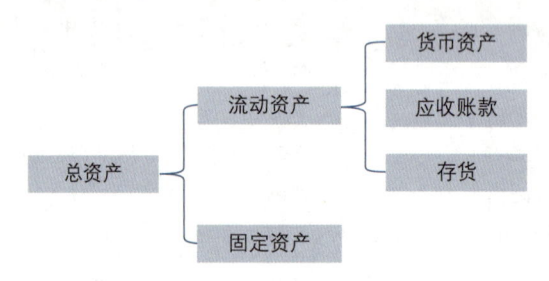

图 2-28 企业主要经营性资产构成

二、指标计算

1. 流动资产周转率

$$流动资产周转率 = \frac{总营业收入}{平均流动资产} \tag{2-54}$$

流动资产周转率，是指全部流动资产的周转速度。

2. 存货周转率

$$存货周转率 = \frac{总营业成本}{平均存货} \tag{2-55}$$

存货周转率，是指存货的周转速度。

3. 固定资产周转率

$$固定资产周转率 = \frac{总营业收入}{平均固定资产} \tag{2-56}$$

固定资产周转率，是指固定资产的周转速度。

案例 2-12 2020 年贵州茅台、五粮液、四川长虹资产周转率相关数据如表 2-15、表 2-16 所示。

表2-15 2020年贵州茅台、五粮液、四川长虹资产周转率数据（一）　　单位：亿元

指标		贵州茅台	五粮液	四川长虹
总营业收入		949.15	573.21	944.48
总营业成本		81.54	148.12	848.08
流动资产	期初	1590.2	966.27	523.36
	期末	1856.5	1023.56	561.42
	平均	1723.35	994.92	542.39
存货	期初	252.85	136.79	159.37
	期末	288.69	132.28	176.58
	平均	270.77	134.54	167.98
固定资产	期初	151.44	61.09	74.1
	期末	162.25	58.67	80.72
	平均	156.85	59.88	77.41

表2-16 2020年贵州茅台、五粮液、四川长虹资产周转率数据（二）

指标	贵州茅台	五粮液	四川长虹
流动资产周转率（次/年）	0.55	0.58	1.74
流动资产周转期/天	654.55	620.69	206.89
存货周转率（次/年）	0.30	1.10	5.05
存货周转期/天	1200	327.27	71.29
固定资产周转率（次/年）	6.05	9.57	12.20
固定资产周转期/天	59.50	37.62	29.51

分析如下。

（1）流动资产周转情况对比分析

贵州茅台的流动资产周转率为0.55次/年，周转期为654.55天；五粮液的流动资产周转率为0.58次/年，周转期为620.69天。两者差距不大，贵州茅台周转得相对慢一点。四川长虹的流动资产周转率为1.74次/年，周转期为206.89天，是三者中周转最快的。

（2）存货周转情况对比分析

贵州茅台的存货周转率为0.3次/年，周转期为1200天；五粮液的存货周转率为1.1次/年，周转期为327.27天。二者差距很大，因为贵州茅台的存货规模较大，是五粮液的2倍，使得贵州茅台的存货周转减慢。贵州茅台的存货规模较大，可能是产品需要更长的储存时间所致；同时，贵州茅台的存货规模大，有助于后期的销售。应当根据存货的构成是否合理对存货周转展开进一步分析包括储备性存货、生产性存货和商品性存货，分析三者的比例及其影响。四川长虹的存货周转率为5.05次/年，周转期为71.29天，存货周转最快。

（3）固定资产周转情况对比分析

贵州茅台的固定资产周转率为 6.05 次/年，周转期为 59.5 天；五粮液的固定资产周转率为 9.57 次/年，周转期为 37.62 天。贵州茅台的固定资产规模比五粮液大，所以周转较慢。四川长虹的固定资产周转率为 12.20 次/年，周转期为 29.51 天，是三者中周转最快的。

（4）从周转情况看四川长虹

四川长虹的资产周转尚可，但资产构成本身存在一些问题，尤其是应收账款达到 137 亿元的规模，风险较大。四川长虹从绩优股变成绩差股的主要因素就是应收账款高企。2004 年，四川长虹的应收账款达到了 40 多亿元，之后股价就一路走低。

> **课堂总结**
>
> 1. 了解公司资产构成及其不同资产对经营的意义。
> 2. 了解不同资产构成周转率指标的计算和分析。

第 35 课　应收账款周转率分析

一、应收账款的形成及作用

（一）应收账款的形成

应收账款，是企业采用信用销售形成的应收销货款，即产品虽已销售但尚未收回的货款，也就是赊销形成应收账款。

（二）应收账款的形式

赊销形成的应收账款有两种形式：应收账款和应收票据。应收票据实际上是以票据形式证券化的应收账款，其流动性强。

（三）应收账款的作用

商品销售方式采用现销还是赊销，主要取决于商品的品牌效应及其市场表现。对于绝大多数商品销售来讲，赊销是必要的，只要赊销就会形成应收账款。应收账款作为资产属于企业的投资，企业投资自然就会产生收益和风险。应收账款投资的收益，主要是通过赊销扩大销售收入，有助于尽快实现商品价值，加速存货周转，这就是应收账款投资最重要的作用；但应收账款投资会有因为购货方失信而导致无法收回的风险，即应收账款的信用风险。加速应收账款周转,在一定程度上可以降低应收账款的信用风险。

二、应收账款周转率

(一) 应收账款周转率的经济含义

应收账款周转,是指应收账款从发生到收回的全过程。周转越快,风险越小。

(二) 应收账款周转率指标计算

$$应收账款周转率 = \frac{赊销收入}{平均应收账款} = \frac{总营业收入}{平均应收账款} \tag{2-57}$$

应收账款周转率体现的是应收账款周转速度。

$$应收账款周转期 = \frac{360}{应收账款周转率} \tag{2-58}$$

应收账款周转期,是指应收账款周转一次的时间。

说明:赊销收入,不是财务报告必须披露的财务信息,所以报表的外表使用者很难获得企业赊销收入的数据,对此可以用营业收入代替。实际上,也可以将现销视为收款期为零的赊销,从而用总营业收入代替赊销收入。

案例 2-13 2020 年贵州茅台、五粮液、四川长虹应收账款数据如表 2-17 所示。

表 2-17 2020 年贵州茅台、五粮液、四川长虹应收账款数据

指标	贵州茅台	五粮液	四川长虹
总营业收入/亿元	949.15	573.21	944.48
期初应收账款/亿元	14.63	182.27	132.01
应收账款		1.34	84.08
应收票据	14.63	146.43	27.21
应收款项融资		34.50	20.72
期末应收账款/亿元	15.33	206.33	143.20
应收账款		0.41	86.56
应收票据	15.33	185.68	17.52
应收款项融资		20.24	39.12
平均应收账款/亿元	14.98	194.30	137.61
应收账款周转率(次/年)	63.36	2.95	6.86
应收账款周转期/天	5.68	122.03	52.48

应收账款为应收账款、应收票据和应收款项融资三部分之和。

分析如下。

(1) 应收账款周转情况对比分析

贵州茅台的应收账款周转率为 63.36 次/年,周转期为 5.68 天;五粮液的应收账款

周转率为 2.95 次/年，周转期为 122.03 天。贵州茅台的应收账款平均周转天数仅有 5.68 天，远远超过五粮液；从应收账款情况来看，贵州茅台只有应收票据，无应收账款，也没有应收款项融资，这些都是贵州茅台应收账款周转速度快的原因。五粮液的应收账款不多，但应收款项融资较多，含应收票据在内的应收款金额较大，导致应收账款周转慢，存在应收账款风险问题。

（2）四川长虹应收账款周转情况分析

四川长虹应收账款周转率为 6.86 次/年，周转期为 52.48 天，比五粮液的应收账款周转好，比贵州茅台应收账款周转差。但从应收账款的构成来看，四川长虹的应收账款主要是应收账款，占比较大，其中，应收票据较少，所以，四川长虹存在较大的应收账款风险。

三、应收账款周转的深层次分析

应收账款投资，一般来讲，通过赊销可以扩大销售，产生应收账款投资的收益。但现实中能否产生收益、产生多大收益，承担信用风险进行赊销是否有效（是指符合收益风险的权衡原则），需要具体分析。也就是说，要正确认识应收账款的作用，一般可通过应收账款的增长、坏账损失的增加与销售增长及其产生的收益增长进行对比分析。通常情况认为，以下情形视为有效：

（1）销售收入的增长大于应收账款的增长，赊销产生了扩大销售的效果；

（2）利润的增长大于应收账款及坏账损失的增长。

课堂总结

1. 了解应收账款的形成。
2. 正确认识应收账款的作用。
3. 了解应收账款周转率的计算和分析。

第 36 课　流动资产周转加速对收入的影响

一、流动资产周转加速的经济意义

根据流动资产周转原理可知，周转速度与营业收入呈正相关，也就是说，加快流动资产周转速度可以增加销售收入，即在企业流动资产占用额一定的情况下，加快流动资产周转速度，可以增加销售收入。

二、分析方法

营业收入增加额=基期流动资产平均余额×（报告期流动资产周转率－
基期流动资产周转率） (2-59)

计算说明：

基期和报告期均为统计分析概念，报告期通常是指需要分析的期间，比如，要分析 2021 年的流动资产周转，2021 年即为报告期；相应地，如果以 2020 年作为对比分析的基础，那么 2020 年即为基期，这时是想说明 2021 年流动资产周转情况较 2020 年的变化，或者是在 2020 年的基础上，2021 年流动资产周转的变化。基期，可以是固定基期，也可以是变动基期，比如环比基期，即上一期。基期如何选择取决于分析的目的。

案例 2-14 2020 年贵州茅台、五粮液、四川长虹流动资产数据如表 2-18 所示。

表 2-18 2020 年贵州茅台、五粮液、四川长虹流动资产数据（一）

指标	贵州茅台	五粮液	四川长虹
2020 年指标（基期）			
营业总收入/亿元	949.15	573.21	944.48
期初流动资产/亿元	1590.2	966.27	523.36
期末流动资产/亿元	1856.5	1023.56	561.42
平均流动资产/亿元	1723.35	994.92	542.39
流动资产周转率（次/年）	0.55	0.58	1.74
2021 年指标（报告期）			
流动资产周转率（计划）	0.8	0.8	2
2021 年周转加速的影响			
基期流动资产平均余额/亿元	1723.35	994.92	542.39
流动资产周转加速值（次/年）	0.25	0.22	0.26
2021 年增加的收入/亿元	430.84	218.88	141.02

分析如下。

纵向分析，指对同一家企业不同时期的表现进行对比分析。本例中一个重要的假设是上年度的流动资产不变，加速周转从而增加收入。而三家公司上年度的流动资产分别为：贵州茅台 1723.35 亿元、五粮液 994.92 亿元、四川长虹 542.39 亿元，加速周转的核心策略是扩大销售。纵向分析方法可以用于制订计划，比如销售收入计划、资产周转加速计划等。

横向分析，指对企业之间同一时期的表现进行分析。流动资产规模保持不变，如果周转速度达到较高水平，其销售收入就能增加。本例中，五粮液流动资产周转率为 0.58 次/年，比贵州茅台快 0.03 次/年，如果按此速度，贵州茅台的销售收入将增加多少？

加速周转增加的收入 = 1723.35×0.03 = 51.7（亿元）

也就是说，如果贵州茅台的流动资产周转速度达到五粮液的速度（0.58 次/年），那么贵州茅台的销售收入将增加 51.7 亿元，达到 1000.85 亿元，突破 1000 亿元水平。

> **课堂总结**
>
> 1. 了解加快流动资产周转的经济含义。
> 2. 了解加快周转增加收入的分析方法。
> 3. 了解加快周转增加收入分析的运用。

第 37 课　流动资产周转加速对资金的影响

一、资产周转加速的经济意义

根据资产周转原理可知，周转速度与营业收入呈正相关，而与资产占用比例呈负相关。上节课讨论了资产平均余额即资产占用不变的情况下，加快周转将增加营业收入。本节课将讨论，实现相同的营业收入，加快周转将减少资产的占用。也就是说，加快周转，可以以更少的资产占用实现相同的营业收入效果。所以流动资产的加快周转具有节约资金功能。

二、分析方法

假定实现的营业收入不变：

$$\text{流动资产节约额} = \text{报告期营业收入} \times \left(\frac{1}{\text{基期流动资产周转率}} - \frac{1}{\text{报告期流动资产周转率}} \right) \quad (2\text{-}60)$$

或者

$$\text{流动资产节约额} = \frac{\text{报告期营业收入}}{\text{基期流动资产周转率}} - \frac{\text{报告期营业收入}}{\text{基期流动资产周转率}} \quad (2\text{-}61)$$

案例 2-15　2020 年贵州茅台、五粮液、四川长虹流动资产数据如表 2-19 所示。

表 2-19　2020 年贵州茅台、五粮液、四川长虹流动资产数据（二）

指标	贵州茅台	五粮液	四川长虹
2020 年指标（基期）			
营业总收入/亿元	949.15	573.21	944.48

续表

指标	贵州茅台	五粮液	四川长虹
期初流动资产/亿元	1590.2	966.27	523.36
期末流动资产/亿元	1856.5	1023.56	561.42
平均流动资产/亿元	1723.35	994.92	542.39
流动资产周转率（次/年）	0.55	0.58	1.74
2021年指标（报告期）			
流动资产周转率（计划）	0.8	0.8	2
2021年周转加速的影响			
实现相同的营业收入/亿元	949.15	573.21	944.48
按2020年周转率计算的流动资产/亿元	1723.35	994.92	542.39
按加速后周转率计算的流动资产/亿元	1186.25	716.51	472.24
加速周转节约的资金/亿元	537.10	278.41	70.15

分析如下。

（1）纵向分析

本例中一个重要的假设是报告期的营业收入不变，加快周转而节约流动资产。三家公司报告期的营业收入分别为：贵州茅台949.15亿元、五粮液573.21亿元、四川长虹944.48亿元。当报告期的流动资产周转速度达到计划值时，三家公司的平均流动资产金额分别为：贵州茅台1186.25亿元、五粮液716.51亿元、四川长虹472.24亿元；分别可以节约的流动资产金额为：贵州茅台537.10亿元、五粮液278.41亿元、四川长虹70.15亿元。

加快周转的核心策略是资产管理。纵向分析方法可用于制订计划，比如实现相同营业收入前提下的资产周转加速计划。

（2）横向分析

假设实现的营业收入保持不变，如果周转速度达到较高水平，其流动资产占用额将节约一些。本例中，五粮液流动资产的周转率为0.58次/年，比贵州茅台快0.03次/年，如果贵州茅台也能达到这个速度，那么贵州茅台实现相同的营业收入，流动资产占用额将节约多少？

加速周转前流动资产占用额 $= \dfrac{949.15}{0.55} = 1725.72$（亿元）

加速周转后流动资产占用额 $= \dfrac{949.15}{0.58} = 1636.47$（亿元）

加速周转节约的流动资产额 $= 1725.72 - 1636.47 = 89.25$（亿元）

也就是说，贵州茅台的流动资产周转速度达到五粮液的速度（0.58次/年），那么其实现相同营业收入将节约 89.25 亿元的流动资产。节约资金不仅可以减少融资需求，而且可以节约融资成本。

> **课堂总结**
>
> 1. 了解加快流动资产周转的经济含义。
> 2. 了解加快周转节约资金的分析方法。
> 3. 了解加快周转节约资金分析的运用。

第 38 课　营运能力综合分析

将企业资产管理的各方面综合起来，可以有效地弥补单个指标分析的缺陷，更系统地考察企业的综合营运能力及其影响因素，为投资决策提供更有效的依据。

案例 2-16　2020 年贵州茅台、五粮液、四川长虹营运数据如表 2-20 所示。

表 2-20　2020 年贵州茅台、五粮液、四川长虹营运数据

指标	贵州茅台	五粮液	四川长虹
总营业收入/亿元	949.15	573.21	944.48
总营业成本/亿元	81.54	148.12	848.08
平均总资产/亿元	1982.19	1101.45	762.89
平均流动资产/亿元	1723.35	994.92	542.39
平均存货/亿元	270.77	134.54	167.98
平均应收账款/亿元	14.98	194.30	137.61
平均固定资产/亿元	156.85	59.88	77.41
总资产周转率（次/年）	0.48	0.52	1.24
总资产周转期/天	750	692	290
流动资产周转率（次/年）	0.55	0.58	1.74
流动资产周转期/天	654.55	620.69	206.89
存货周转率（次/年）	0.30	1.10	5.05
存货周转期/天	1200	327.27	71.29
应收账款周转率（次/年）	63.36	2.95	6.86
应收账款周转期/天	5.68	122.03	52.48
固定资产周转率（次/年）	6.05	9.57	12.20
固定资产周转期/天	59.50	37.62	29.51

分析如下。

（1）总资产周转率对比分析

贵州茅台的总资产周转率为 0.48 次/年、五粮液的总资产周转率为 0.52 次/年，二者的差别不大，五粮液稍好点。

（2）资产构成周转率对比分析

贵州茅台和五粮液在总资产周转率上差别不大，但从资产构成上分析，其差别比较明显：

①五粮液快于贵州茅台的有：流动资产周转率，贵州茅台为 0.55 次/年，五粮液为 0.58 次/年，差别不大；存货周转率，贵州茅台为 0.3 次/年，五粮液为 1.1 次/年，差别较大；固定资产周转率，贵州茅台为 6.05 次/年，五粮液为 9.57 次/年，存在一定的差距。以上资产构成的周转率，五粮液都快于贵州茅台，差别较大的是存货周转率和固定资产周转率，说明贵州茅台的存货和固定资产规模较大。通常存货规模不能太大，但也不能太小，太小会影响后期销售。贵州茅台的存货规模大于五粮液，由此推断，贵州茅台的后期销售会好于五粮液；贵州茅台的固定资产是五粮液的近 3 倍，说明贵州茅台的生产能力可能较五粮液好。

②应收账款周转，贵州茅台好于五粮液。贵州茅台的应收账款周转率为 63.36 次/年，五粮液的应收账款周转率为 2.95 次/年。在平均应收账款上，贵州茅台为 14.98 亿元，五粮液为 194.3 亿元，五粮液是贵州茅台的 13 倍左右；贵州茅台的应收账款周转非常快，平均周转期只有 5.68 天。同时，贵州茅台只有应收票据，而五粮液有应收票据、应收账款和应收款项融资，说明五粮液的应收账款风险较高，这一点必须高度关注。

综上所述，贵州茅台的资产管理要优于五粮液，但贵州茅台的固定资产是五粮液的近 3 倍，需要进行深入的分析确定具体情况。

此外，四川长虹的资产周转情况，需要放在家电行业进行对比分析，这样才具有可比性。

课堂总结

1. 了解资产管理及营运能力综合分析的重要性。
2. 了解营运能力综合分析的方法。
3. 了解不同资产构成的周转率对企业的影响。

第五节　流动性及短期偿债能力分析

第 39 课　流动性及短期偿债能力分析的意义

一、资产流动性与短期偿债能力

资产流动性，是指企业资源满足短期现金需要的能力。企业短期的现金需要主要有：企业日常生产经营开支的支付需要，包括原材料采购、员工工资、费用支付等；偿还短期债务的需要。

资产流动性可分为资产流动性和负债流动性。资产流动性是资产在不受损失的前提下迅速变现的能力；负债流动性是企业能以较低的成本随时获取负债资金的能力。企业满足流动性主要有两条途径：一是资产变现，二是负债融资。所以，一个企业的流动性管理，除了资产负债的流动性管理外，信誉管理同样重要，在银行风险管理中，就有一个重要风险是声誉风险。

短期偿债能力，是指企业满足短期债务按期偿还的能力，短期偿债能力是企业能否健康生存和发展的关键，也是反映企业财务状况和营运能力的重要指标。

二、流动性及短期偿债能力分析的重要性

（一）对不同主体的影响

企业的资产流动性和短期偿债能力，对于企业债权人、股东、供应商、员工和企业管理者等利益相关者都非常重要。

1. 对债权人的影响

对于短期债权人和长期债权人来说，企业资产流动性和短期偿债能力不足，将直接威胁到本金和利息的安全性。因此，短期债权人特别关注企业的资产流动性和短期偿债能力；而长期债权人也将一直关注企业的资产流动性和短期偿债能力，以保证债权的安全。

2. 对股东的影响

企业资产流动性和短期偿债能力不足，往往说明企业盈利水平低。因为持续增长的盈利水平往往是流动性和偿债能力的保障。当企业不能偿还到期债务时，也就限制了为股东发放现金股利。这在理论上叫作"代理成本的制约"。债权人基于债权安全

的考虑，往往有限制股利的条款。因此，股东要关注企业的资产流动性和短期偿债能力。

3. 对其他利益相关者的影响

企业资产流动性不足，对于供货商而言，将直接影响货款的安全；对于员工而言，将直接影响劳动报酬，如果企业破产，员工就会失去工作。所以，企业的资产流动性和偿债能力对企业的所有利益相关者的影响都是很大的，需要特别关注。

4. 对企业管理者的影响

企业的资产流动性和短期偿债能力直接影响企业的生产经营活动、筹资活动和投资活动能否正常进行，甚至会导致经营过程中断；情况严重时，可能会导致企业被债权人申请破产，直接影响企业的生存。因为无论企业的盈利状况如何，只要无法满足到期债务的偿还，都会面临破产的风险。所以企业管理者必须高度重视资产流动性及其短期偿债能力。

（二）财务风险大小影响股价

为什么几乎所有银行股的盈利性都很好，但市净率绝大多数低于 1，大于 1 的很少？因为银行的负债经营模式决定了银行的财务风险大，或者可以说是破产风险大。基于此，银行股的市场表现整体都很差。这种现象正是破产风险大的特征体现。

案例 2-17 银行股 2020 年 12 月相关数据如表 2-21 所示。

表 2-21 银行股 2020 年 12 月相关数据

指标	工商银行	农业银行	建设银行	中国银行	招商银行	浦发银行
每股收益/元	0.86	0.59	1.06	0.61	3.79	1.88
每股净资产/元	7.48	5.39	9.06	5.98	25.36	18
每股市价/元	4.99	3.14	6.28	3.18	43.95	9.68
市盈率	5.80	5.32	5.92	5.21	11.59	5.15
市净率	0.67	0.58	0.69	0.53	1.73	0.54

银行股，每股收益都相对较高，基本属于绩优股，但是为什么其市价的表现都很差，市盈率基本在 5 倍多一点，市净率在 0.5 倍附近，只有招商银行例外，这一现象是由多方面原因造成的。从流动性来看，银行是靠负债经营的企业，财务风险大，因此股价表现差；银行业对流动性的要求很高，也很严格，《中华人民共和国商业银行法》规定"流动性资产余额与流动性负债余额的比例不得低于 25%"，这种强制性规定说明资产流动性对于银行的安全非常重要。从 1998 年的海南发展银行到 2021 年的包商银行，已有四家银行破产。这也是市场投资者对绩优的银行股不认可的一个重要原因。

> **课堂总结**

1. 了解资产流动性及短期偿债能力的经济含义。
2. 了解资产流动性及短期偿债能力分析的重要性。
3. 了解资产流动性及短期偿债能力对于安全稳健的意义。

第 40 课 企业短期偿债能力分析的指标体系

一、影响资产流动性和短期偿债能力的因素

（一）流动资产及其构成

企业资产分为流动资产和长期资产，不同资产的流动性不同，也就是说，不同资产的变现能力不同。流动资产，是指在一年内或者超过一年的一个营业周期内变现的资产，通常流动资产的变现能力较强，其流动性较强。流动资产中不同资产构成的流动性不同。根据变现能力的强弱可将流动资产作如下排序：货币资金、短期投资、应收票据和应收账款、存货、预付账款、待摊费用等其他流动资产。通常存货的变现能力较弱。

（二）流动负债及其构成

流动负债，是指在一年以内或者超过一年的一个营业周期以内到期的负债，主要包括短期借款、应付账款、应付票据、预收账款、应付工资、应交税金、预提费用等。一年内到期的长期负债也被纳入流动负债管理。其中，预收账款是不需要动用现金偿还的，只需要按时交付货物即可，而其他流动负债是需要动用现金偿还的。偿还流动负债是企业重要的到期现金需求，流动负债的规模及其构成都影响偿债能力。

（三）净营运资金

净营运资金，是指流动资产与流动负债之差。流动负债需要流动资产在短期内变现来偿还，因此，流动资产就是对流动负债的保障，净营运资金越大，说明流动资产对流动负债的保障程度越大，也说明对日常生产经营开支的支付能力越强。但净营运资金不能太多，否则会造成资金使用效率不足。由此可见，企业净营运资金的规模直接反映了企业应对短期现金需要的能力，即企业资产流动性的强弱。

（四）现金流量

现金流量，是现金流入量和现金流出量的统称，包括经营活动的现金流量、投资

活动的现金流量和筹资活动的现金流量。经营活动的现金流量的主要来源是销售收入，该部分现金流量体现了企业产生现金流量的能力，即企业的"造血"功能。如果该部分现金流量持续稳定，则说明企业通过自身经营活动能够比较稳定地满足短期现金需要，流动性有保障。

（五）其他因素

其他因素较多，如企业的信誉、银行的授信额度等。

二、企业短期偿债能力分析方法概要

企业短期偿债能力通常会采用指标分析、结构分析、趋势分析、因素分析等方法进行分析。

指标分析：通过一系列衡量企业偿债能力的财务指标分析企业的偿债能力。由此形成短期偿债能力指标体系。

结构分析：主要是运用统计学中的结构分析法，分析企业的流动性结构，从而揭示短期偿债能力。

趋势分析：主要是将短期偿债能力指标按照时间序列进行纵向分析，揭示企业短期偿债能力的变动趋势，寻找短期偿债能力的变动规律，从而预测未来的短期偿债能力。

因素分析：主要通过比较找出差距，然后通过因素分析，找出形成差距的原因。

本课主要讨论短期偿债能力指标分析。

三、短期偿债能力指标分析体系

短期偿债能力指标分析体系如图 2-29 所示。

短期偿债能力
- 流动比率
- 速动比率
- 现金比率
- 现金流量比率
- 现金净流量比率
- 净营运资金

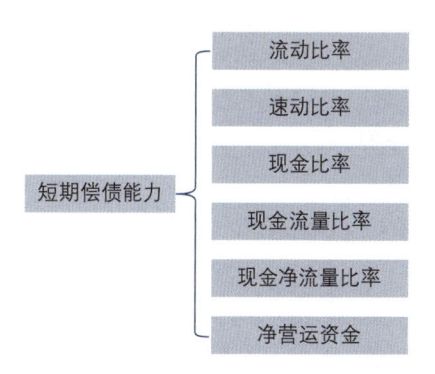

图 2-29　短期偿债能力指标分析体系

企业短期偿债能力比率，除图 2-29 中的指标外，还有很多，如营运资本对总资产比率、现金偿付能力比率、现金流量充足率、营运资金比率、应付账款平均付款期、企业支付能力系数等。但用得最多的是图 2-29 中的六个财务指标，其中，前三个指标最常用。而净营运资金，在上节课中已讨论过，这里不再重复。

> **课堂总结**
>
> 1. 了解流动性的经济含义。
> 2. 了解流动性及短期偿债能力的影响因素。
> 3. 了解短期偿债能力分析的指标体系。

第41课　企业短期偿债能力分析

一、短期偿债能力指标计算

（一）流动比率

流动比率是反映流动资产对流动负债到期偿还的保障程度，是短期偿债能力最常用的指标。其计算公式如下：

$$流动比率 = \frac{流动资产}{流动负债} \tag{2-62}$$

（二）速动比率

速动比率反映的是企业即刻偿付流动负债的能力。速动资产指能够迅速变现的资产，是偿债能力最常用的指标。其计算公式如下：

$$速动比率 = \frac{速动资产}{流动负债}$$

$$= \frac{流动资产-存货}{流动负债}$$

$$= \frac{流动资产-存货-预付账款-待摊费用-待处理流动资产损失}{流动负债} \tag{2-63}$$

（三）现金比率

现金比率是现金和现金等价物之和相对于流动负债的比率。计算公式如下：

$$现金比率 = \frac{现金+现金等价物}{流动负债} \tag{2-64}$$

（四）现金流量比率

现金流量比率反映企业经营活动现金流量对流动负债偿付的保障程度。其计算公式如下：

$$现金流量比率 = \frac{经营活动现金净流量}{流动负债} \qquad (2-65)$$

（五）现金净流量比率

现金净流量比率反映企业现金净流量对流动负债的保障程度。其计算公式如下：

$$现金净流量比率 = \frac{现金净流量}{流动负债} \qquad (2-66)$$

案例 2-18 2020年贵州茅台、五粮液、四川长虹偿债能力指标数据如表2-22所示。

表2-22 2020年贵州茅台、五粮液、四川长虹偿债能力指标数据

指标	贵州茅台	五粮液	四川长虹
期末流动资产/亿元	1856.52	1023.56	561.42
现金资产/亿元	1542.90	682.09	198.64
存货/亿元	288.69	132.28	176.58
流动负债/亿元	456.73	258.79	542.98
经营活动现金净流量/亿元	516.69	146.98	13.87
现金净流量/亿元	257.37	37.63	10.80
流动比率	4.06	3.96	1.03
速动比率	3.43	3.44	0.71
现金比率	3.38	2.64	0.37
现金流量比率	1.13	0.57	0.03
现金净流量比率	0.56	0.15	0.02

二、短期偿债能力分析

分析如下。

（1）流动比率和速动比率对比分析

对于生产性企业而言，流动比率和速动比率两个指标合理标准为流动比率为2，速动比率为1，由于速动资产是流动资产减去存货后的差额，存货的最佳规模为流动资产的一半，这是生产性企业资产管理的一个重要参考。贵州茅台的流动比率和速动比率分别为4.06和3.43，五粮液的流动比率和速动比率分别为3.96和3.44，二者差别不大，贵州茅台略强。说明这两家公司的短期偿债能力都很强，但与合理标准相比，这两家公司存在同样的问题，即存货占流动资产的比例较低：

$$贵州茅台为：\frac{288.69}{1856.52} \times 100\% = 15.56\%$$

$$五粮液为：\frac{132.28}{1023.56} \times 100\% = 12.92\%$$

存货属于盈利性资产，存货不能太多也不能太少，存货所占比例较低会直接导致后续期间的销售额较低。

(2) 现金比率对比分析

贵州茅台的现金比率为3.38，五粮液的现金比率为2.64，两家公司都比较高；现金资产是流动负债的3倍左右，贵州茅台稍强。说明两家公司的现金流非常充足，公司的短期偿债能力很强；但是现金充足，也说明公司没有好的投资项目，这就叫作"流动性过剩"，会影响公司的盈利能力。

(3) 现金流量对流动负债比率的对比分析

贵州茅台的现金流量比率为1.13，五粮液的现金流量比率为0.57，从经营活动产生的净现金流量来看，两公司相差一半，说明贵州茅台通过经营活动产生现金流量的能力强于五粮液。

贵州茅台的现金净流量比率为0.56，五粮液的现金净流量比率为0.15，这个指标是包括经营活动、投资活动和筹资活动产生的现金净流量与流动负债之比，指标数据对比说明两家公司经营活动产生的净现金流量，很大一部分用于投资活动和偿债活动。这要进一步通过现金流量表分析其合理性。

(4) 四川长虹短期偿债能力分析

四川长虹的流动比率为1.03，速动比率为0.71，现金比率为0.37，现金流量比率为0.03，现金净流量比率为0.02，各指标都较差。可能存在的问题：一是流动资产和流动负债在规模与结构方面不匹配，尤其是相对于流动资产，流动负债规模过大，影响流动性及短期偿债能力；二是经营活动产生现金净流量的能力不足，影响到偿债能力。总体来说，四川长虹的流动性及其短期偿债能力指标都比较差。

课堂总结

1. 了解短期偿债能力分析的指标计算及其经济含义。
2. 了解短期偿债能力的分析方法。

第42课 资产负债期限结构配比分析

一、资产负债期限结构配比的类型

资产负债期限结构配比的类型如图2-30所示。

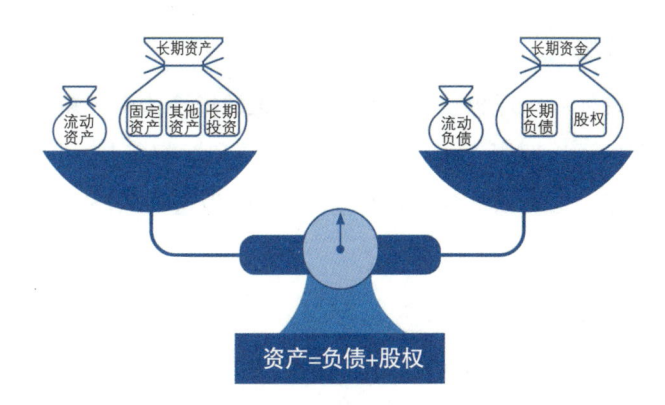

第二章
证券投资的微观经济分析 | 02

图 2-30 资产负债期限结构配比的类型

类型一：流动资产＞流动负债，长期资产＜长期资金，企业以长期资金满足流动资产的投资。

类型二：流动资产＜流动负债，长期资产＞长期资金，企业以流动负债满足长期资产的投资。

类型三：流动资产＝流动负债，长期资产＝长期资金，企业资产负债的期限结构完全匹配。

二、经营策略

公司在流动资产上的投资规模及其为流动资产投资的融资结构安排，体现了公司不同的经营策略，也就是体现了公司管理层对投资和融资进行协调的不同匹配策略。这在很大程度上取决于公司管理层对风险的态度。一般来说，主要有三种类型的策略（见图 2-31）。

流动资产 − 流动负债 = 净营运资本
- ＞0，稳健型策略
- ＝0，理想型策略
- ＜0，激进型策略

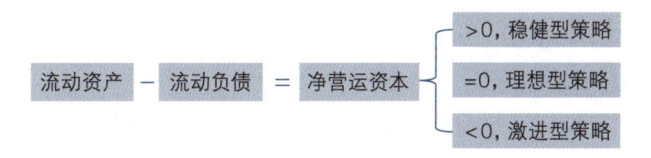

图 2-31 净营运资本反映出不同的策略类型

（一）稳健型策略

在现实世界中，有多种因素导致理想状态不存在，比如，资产缺乏流动性无法实现随时变现，或者无法随时筹措到资金满足支付，需要保持更多的流动性资产；保持稳定增长的销售水平将导致流动资产中的一些长期性投资等。基于稳健型考虑，公司将保持更多的流动资产投资，从而使净营运资本大于零，风险较小。

（二）理想型策略

理想型策略，只是一种理想状态，在一个理想的经济体中，短期资产总可以通过短期负债筹措资金；而长期资产可以通过长期负债和股权筹措资金。在这个经济体中，净营运资金为零。之所以称为"理想型"，是因为这种状态只能在严格的假设条件下成立。

（三）激进型策略

激进型策略与稳健型策略相反，公司保持较小规模的流动资产投资，营运资本小于零。激进型策略在流动资产方面的投资特征如下：

（1）保持低水平的现金余额，不投资短期证券；

（2）小规模的存货投资；

（3）不允许赊销，没有应收账款。

在这种策略下，公司融资除了以更多的短期负债融资满足流动资产投资外，还投资于一定的长期资产，风险较大。

案例2-19 2020年贵州茅台、五粮液、四川长虹资产负债数据如表2-23所示。

表2-23　2020年贵州茅台、五粮液、四川长虹资产负债数据

指标	贵州茅台	五粮液	四川长虹
期末流动资产	1856.52	1023.56	561.42
其中：货币资金/亿元	1542.90	682.09	198.64
应收账款/亿元	15.33	206.33	143.20
存货/亿元	288.69	132.28	176.58
期末总资产/亿元	2133.96	1138.93	739.89
流动负债/亿元	456.73	258.79	542.98
净营运资本/亿元	1399.79	764.77	18.66
流动资产占总资产比率/%	87	89.87	75.88
货币资金占流动资产比率/%	83.11	66.64	35.38
存货占流动资产比率/%	15.55	12.92	31.45

分析如下。

（1）净营运资本对比分析

贵州茅台的净营运资本达到1399.79亿元，五粮液的净营运资中达到764.77亿元，都属于稳健型经营。

（2）资产结构对比分析

①流动资产占总资产比率方面，三家公司都在80%左右，且贵州茅台和五粮液接近90%，说明三家公司均以生产经营为主，或者主营业务突出。但流动资产占比

过大，有可能存在生产能力不足问题。

②货币资金占流动资产比率方面，贵州茅台为83.11%，五粮液为66.64%，两家公司货币资金占比过大，现金虽然充足，但存在流动性过剩的问题。

③存货占流动资产比率方面，贵州茅台为15.55%，五粮液为12.92%，两家公司占比过小，势必会影响后期销售，或者经营规模不足。

④四川长虹净营运资本为18.66亿元，流动资产比流动负债略大一点，可以说，四川长虹的流动资产（561.42亿元）与流动负债（542.98亿元）属于基本相等类型，流动性配比欠缺，可能会影响短期偿债能力。流动资产占总资产的比率为75.88%，属于经营性公司，但货币资金占流动资产比率相对较大，存货的规模相对不足。

课堂总结

1. 了解资产负债期限结构配比的类型。
2. 了解企业经营策略的三种类型及其配比分析。

第六节　财务风险及长期偿债能力分析

第 43 课　财务风险及长期偿债能力分析的重要性

一、财务风险及长期偿债能力的经济含义

（一）财务风险

在盈利的分层考察中提到过经营风险和财务风险，财务风险主要揭示公司运用财务杠杆产生的影响，包括财务杠杆利益和财务杠杆风险，简称"财务风险"，尤其是过度运用财务杠杆所导致的风险，即负债过大导致财务困境甚至破产的风险。可见，财务风险的主要原因是负债过大致使利息费用过高。因此，财务风险与资本结构和长期偿债能力密切相关。

（二）长期偿债能力

长期偿债能力，是指企业对长期债务的承担能力和偿还债务的保障能力。长期债务，是指期限在一年以上或者超过一年的一个营业周期以上的债务。长期偿债能力的强弱是反映企业财务安全和稳健程度的重要标志，长期偿债能力分析是企业债权人、投资者、经营管理层及利益相关者都十分关注的重要问题。

案例 2-20　2020 年贵州茅台、五粮液、四川长虹和中国建筑长期负债能力相关数据如表 2-24 所示。

表 2-24　2020 年贵州茅台、五粮液、四川长虹和中国建筑长期负债能力相关数据

指标	贵州茅台	五粮液	四川长虹	中国建筑
期末流动负债/亿元	456.73	258.79	542.98	11960.15
期末长期负债/亿元	0.02	2.55	30.93	4190.64
期末负债合计/亿元	456.75	261.34	573.91	16150.79
期末股权值/亿元	1677.2	877.58	211.97	5770.95
其中：总股本/亿股	12.56	38.82	46.16	419.65
负债股权合计/亿元	2133.96	1138.92	785.88	21921.74
负债占总资产比率/%	21.40	22.95	73.28	73.67
每股净资产/元	133.54	22.61	4.59	13.75
每股市价（2020年12月31日）/元	1998	291.85	2.90	4.97
市净率	14.96	12.91	0.63	0.36

从资本结构来讲,负债越多的企业,财务风险越大,其股票价格的市场表现越差,这也是证券投资最重要的决策依据。

二、不同资本结构公司股票的市场表现

(一)五粮液

五粮液,发行价 14.77 元/股,1998 年 4 月 27 日上市,首日开盘价 29.77 元/股,之后其市场表现在平稳中缓慢上行,最高达到 357.19 元/股(见图 2-32)。

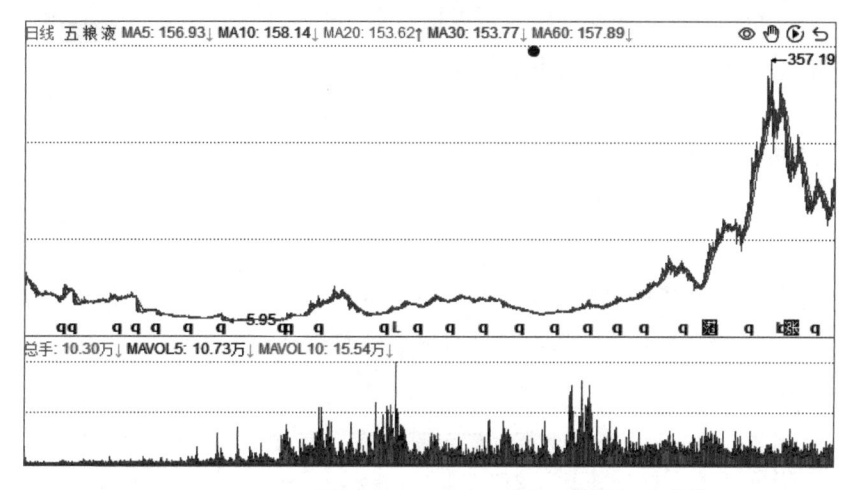

图 2-32　1999 年 4 月至 2022 年 12 月五粮液股价趋势

(二)中国建筑

中国建筑,发行价 4.18 元/股,2009 年 7 月 29 日上市,首日开盘价 6.7 元/股,短暂上冲后便一路下行,在 2015 年的上涨行情中最高达到 12.52 元/股,经过两年左右时间的高位宽幅震荡,之后开始急速下行,到 2023 年 5 月达到 7.05 元/股,目前仍然在 5.5 元/股左右徘徊(见图 2-33)。

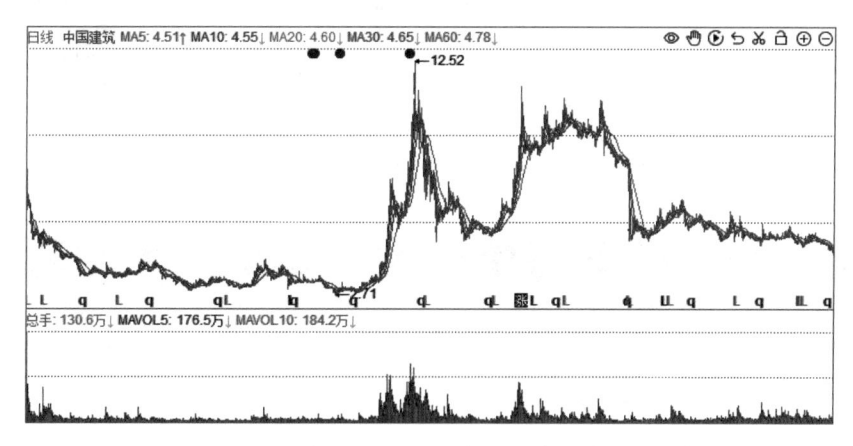

图 2-33　2009 年 8 月至 2023 年 3 月中国建筑股价趋势

贵州茅台和四川长虹两家公司股票的市场表现已在前面内容中 2009 年 8 月至 2023 年 3 月讲述过，在此不再重述。

三、财务风险及长期偿债能力分析的意义

第一，财务风险及长期偿债能力直接体现财务决策的效果。财务决策的一个重要指标是资本结构，也就是对财务杠杆的利用程度，合理利用可以产生财务杠杆利益，过度利用会导致财务杠杆风险。

第二，财务风险及长期偿债能力可以揭示企业的风险程度，在一定程度上影响公司股票的市场变现，是证券投资重要的决策依据。

课堂总结

1. 了解财务风险及长期偿债能力的经济含义。
2. 了解财务风险及长期偿债能力的影响因素。
3. 了解财务风险及长期偿债能力分析对于证券投资的重要性。

第 44 课　长期偿债能力分析的指标体系

一、财务风险及长期偿债能力的影响因素

（一）资本结构

资本结构，是指企业各种资金来源所占的比重，反映债务资本和股权指标的比例关系，通常情况下资本结构中的债务指的是长期债务。一般来说，负债所占比例越大，财务风险越高，不能如期偿还债务的可能性就越大。

如表 2-25 所示，资产负债表右方为融资，包括负债和股权，二者是资本结构的重要组成部分。严格意义讲，资本结构是指一定时期内长期负债和股权的比例关系，因负债的期限结构往往被假设掉了，所以负债和股权的比例结构为资本结构。

表 2-25　资产负债表

资产	金额	负债和股权	金额
流动资产		流动负债	
固定资产		长期负债	
其他资产		负债合计（B）	

续表

资产	金额	负债和股权	金额
长期投资		所有者权益（S）	
总资产（$\sum A$）		负债加所有者权益（$B+S$）	

（二）财务杠杆

财务杠杆，是指由于相对固定的债务利息的存在，净利润的变动大于息税前利润的变动的现象。通俗地讲，财务杠杆就是尽可能少地用自己的财产去赚取一定的利润，意味着多举债获利，即利用债权人的财产为股东赚取更多的利润。因为债务利息在税前扣除，财务杠杆的利用若给股东带来收益，则叫作"财务杠杆利益"；但过度利用财务杠杆可能带来风险，此时叫作"财务杠杆风险"，即过度利用财务杠杆可能导致财务困境甚至有破产的风险。过度利用财务杠杆，即过度举债，必然会影响到长期偿债能力。

（三）长期盈利能力及经营活动现金流量

虽然资产和所有者权益是对企业债务的最终保障，但在正常的经营过程中，企业不可能靠出售资产来偿还债务，企业长期的盈利水平和经营活动的现金流量才是债务偿还最稳定可靠的来源。因此，企业的盈利水平和经营活动现金流量的稳定性与持续性及企业的发展前景才是影响长期偿债能力的最重要因素。

二、企业长期偿债能力分析方法概要

企业长期偿债能力通常采用指标分析、结构分析、趋势分析、因素分析等方法进行分析。

指标分析：通过一系列衡量企业偿债能力的财务指标分析企业的偿债能力。由此形成长期偿债能力指标体系。

结构分析：主要是运用统计学中的结构分析法，分析企业的资本结构，从而揭示长期偿债能力。

趋势分析：主要是将长期偿债能力指标按照时间序列进行纵向分析，揭示企业长期偿债能力的变动趋势，寻找长期偿债能力的变动规律，从而预测未来的长期偿债能力。

因素分析：主要通过比较找出差距，然后通过因素分析，找出形成差距的原因。
这里主要讨论长期偿债能力指标分析。

三、企业长期偿债能力分析的指标体系

企业长期偿债能力分析的指标体系如图2-34所示。

证券投资分析：微观经济分析

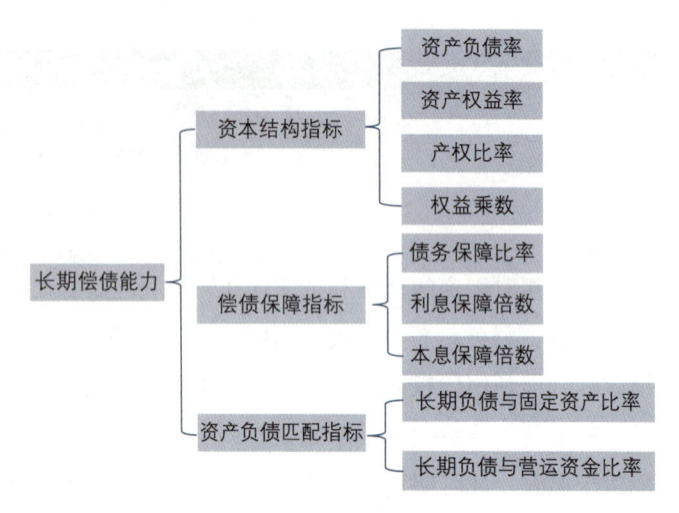

```
长期偿债能力 ─┬─ 资本结构指标 ─┬─ 资产负债率
              │                 ├─ 资产权益率
              │                 ├─ 产权比率
              │                 └─ 权益乘数
              ├─ 偿债保障指标 ─┬─ 债务保障比率
              │                 ├─ 利息保障倍数
              │                 └─ 本息保障倍数
              └─ 资产负债匹配指标 ─┬─ 长期负债与固定资产比率
                                    └─ 长期负债与营运资金比率
```

图 2-34　企业长期偿债能力分析的指标体系

课堂总结

1. 了解财务风险及长期偿债能力的影响因素。
2. 了解财务风险及长期偿债能力的分析方法。
3. 了解长期偿债能力分析的指标体系。

第 45 课　资本结构指标分析

一、资本结构的经济含义

资本结构，是指公司各种资本的价值构成及其比例关系，主要是债务资本和股权资本的比例关系。资本结构有广义和狭义之分。广义的资本结构是指公司全部资本价值的构成及其比例关系，不仅包括长期资本，还包括短期资本。狭义的资本结构是指公司各种长期资本价值的构成及其比例关系，尤其是长期负债资本和股权资本的构成及其比例关系。但是在理论研究中，往往把负债的期限结构假设掉了，所以资本结构常常表现为负债与股权资本的构成及其比例关系。按照圆饼理论，资本结构理论主要阐述公司资本结构与公司价值的关系。圆饼中债务与股权的比例体现了公司在金融市场上的价值构成，即负债价值（B）和股权价值（S）构成（见图 2-35）。

资本结构问题，是一个理论难点，主要研究公司价值最大的资本结构，即公司价值 $V=f(B+S)$，也是一个现实的难点问题。

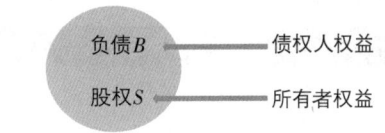

公司价值：$V=f(B+S)$

图 2-35　公司价值构成

二、资本结构指标

（一）资产负债率

资产负债率反映企业负债资本占总资本的比重，表示企业全部资金中有多大比例是通过负债方式筹集的，或者说是企业通过负债进行资源配置的比例关系，是企业资产对负债的保障程度。其计算公式如下：

$$资产负债率=\frac{负债总额}{资产总额}\times 100\% \quad (2-67)$$

（二）资产权益率

资产权益率反映企业全部资金中有多少是通过股权方式筹集的，即通过股权方式进行资源配置的比例关系。其计算关系如下：

$$资产权益率=股东权益比率=\frac{所有者权益总额}{资产总额}\times 100\% \quad (2-68)$$

$$资产负债率+资产权益率=1 \quad (2-69)$$

（三）产权比率

负债和所有者权益体现两种产权，即债权和股权。产权比率就是这两种产权的比例关系。其计算公式如下：

$$产权比率=\frac{负债总额}{所有者权益总额}\times 100\% \quad (2-70)$$

（四）权益乘数

权益乘数是资产权益率的倒数，乘数即倍数关系，权益乘数的本义是股东每投资一元而使资产扩张的倍数，体现负债是公司扩张的重要途径。其计算公式如下：

$$权益乘数=\frac{资产总额}{所有者权益总额} \quad (2-71)$$

案例 2-21　2020 年贵州茅台、五粮液和四川长虹资本结构指标数据如表 2-26 所示。

表2-26　2020年贵州茅台、五粮液和四川长虹资本结构指标数据

	指标	贵州茅台	五粮液	四川长虹
指标	负债总额/亿元	456.75	261.34	573.91
	其中：流动负债/亿元	456.73	258.79	542.98
	长期负债/亿元	0.01	2.56	30.93
	所有者权益总额/亿元	1677.21	877.58	211.97
	总股本/亿股	12.56	38.82	46.16
	资产总额/亿元	2133.96	1138.93	785.88
指标计算	资产负债率/%	21.40	22.95	73.03
	资产权益率/%	78.60	77.05	26.97
	产权比率/%	27.23	29.78	270.75
	权益乘数	1.27	1.30	3.71

分析如下。

（1）资本结构与资源配置途径的对比分析

贵州茅台的资产负债率为21.4%，五粮液的资产负债率为22.95%，两家公司的负债仅占总资本的百分之二三十，接近百分之七八十的资源靠股权融资。

（2）两家酒类公司股权融资数据存在差异（见表2-27）

表2-27　2020年贵州茅台和五粮液的股权融资数据

指标	贵州茅台	五粮液
股本/亿股	12.56	38.82
资本公积/亿元	13.75	26.83
盈余公积/亿元	201.75	196.98
未分配利润/亿元	1375.94	594.43
一般风险准备金/亿元	9.28	
少数股东权益/亿元	63.98	20.52
股权合计/亿元	1677.21	877.58

①股本变动。

贵州茅台：2001年发行7150万股，发行价31.39元/股，发行后总股本为2.5亿股；2001年8月27日股票上市，上市后逐年转增和送股，使总股份增加至12.56亿股，股份扩张了5倍多。

五粮液：1998年发行8000万股，发行价14.77元/股，发行后总股本为3.2亿股；1998年4月27日股票上市，上市后逐年送转配股，使总股份增加至38.82亿股，股份扩张了12倍多。

②股权融资差异。

贵州茅台和五粮液的股权融资占比都在80%左右,但二者股权融资具体事项方面存在差异:一是五粮液的股本是贵州茅台的3倍多;二是贵州茅台的利润留存是五粮液的2倍多。综上所述,五粮液的股份扩张较快,产生了一定的稀释效应;而贵州茅台主要靠利润留存,使每股的收益和净资产都很高,为股价的持续上涨提供了坚实的经济基础和价值基础,使贵州茅台成为中国A股市场第一股。但值得注意的是,负债率太低也不利于公司的发展,贵州茅台和五粮液的负债率都仅为20%多一点,适当提高负债率对公司发展有利。

(3) 四川长虹的资本结构及融资特征

①四川长虹股权变动情况。

四川长虹,1993年发行4997.37万股,发行价为1元/股,发行后总股份为1.98亿股;1994年3月11日股票上市,上市后逐年高比例送转配股,使总股份增加至46.16亿股,股份扩张了23倍多,属于典型的股份扩张型公司,其股权结构见表2-28。

表2-28　2020年四川长虹股权结构数据

指标	数量	占总资产比重/%
总股本/亿股	46.16	21.77
资本公积/亿元	36.57	17.25
盈余公积/亿元	1.96	
未分配利润/亿元	45.18	21.32
少数股东权益/亿元	81.85	
所有者权益合计/亿元	211.96	

股权融资中,总股本和资本公积总额合计接近总资产的40%,其融资主要是靠股份扩张。

②四川长虹公司资本结构的变化。

四川长虹的资产负债率,从1994年的39.15%到2004年的38.75%,其间基本维持在30%多的负债水平上,2005年负债率为36.51%,2006年达到44.09%,之后逐年上升到2020年的73.03%,说明四川长虹一直采取扩张战略,只是支撑扩张的资源配置,2004年以前一直是股份扩张。2004年,四川长虹出现巨额亏损,之后其利润一直处于较低水平上,甚至是亏损状态,使四川长虹丧失了股权融资的资格。2006年以后,四川长虹走上了负债融资支撑公司扩张的道路。截至2020年年底,四川长虹的资产负债率已经接近银行贷款控制的75%上限。所以,如果四川长虹继续采取扩张战略,将无法得到资源配置。

(4) 权益乘数的对比分析

贵州茅台和五粮液的权益乘数都在1.3以内;而四川长虹则为3.71,是贵州茅台和五粮液的近3倍。权益乘数同样说明了公司的资本结构决策及其体现的经营战略，四川长虹现在主要靠负债融资支撑扩张战略，而盈利能力又持续下降，反映在股票价格的市场表现方面，股价持续下跌是不可避免的。

三、无形资产对资产负债率的影响

资产负债率反映企业总融资中负债所占比例，实际上还体现了资产对负债的保障程度。但不同企业的资产构成不同，对负债的保障程度不同，如无形资产占比较大的企业，资产对负债的保障程度会降低，所以有必要剔除无形资产分析有形资产负债率，或者有形净值负债率。指标计算如下：

$$有形资产负债率 = \frac{负债总额}{有形资产总额} \times 100\% \qquad (2-72)$$

$$有形净值负债率 = \frac{负债总额}{有形资产总额 - 负债总额} \times 100\% \qquad (2-73)$$

其中

$$有形资产总额 = 资产总额 - 无形资产 \qquad (2-74)$$

案例2-22 2020年贵州茅台、五粮液和四川长虹有形资产和无形资产比率相关数据如表2-29所示。

表2-29 2020年贵州茅台、五粮液和四川长虹有形资产和无形资产比率相关数据

指标	贵州茅台	五粮液	四川长虹
资产总额/亿元	2133.96	1138.93	785.88
负债总额/亿元	456.75	261.35	573.91
无形资产/亿元	48.17	0.45	21.53
有形资产负债率/%	21.90	22.96	75.08
有形净值负债率/%	28.04	29.80	301.36

贵州茅台和五粮液的有形资产负债率和有形净值负债率都比较低，表明其对债务的保障程度较高。四川长虹的有形资产负债率和有形净值负债率都较高，表明其对债务的保障程度较低。

课堂总结

1. 了解资本结构的经济含义。
2. 了解资本结构指标的计算方法。
3. 了解资本结构的分析及其对公司发展的影响。

第46课 偿债保障能力分析

一、偿债保障能力的经济含义

偿债保障能力,是指企业以资源偿还债务本金及利息的能力。包括债务本金和利息的偿还保障。偿债保障能力取决于债务规模和企业资源规模,以及债务和资源期限结构的匹配状况。企业资源可以是资产、经营活动现金流,也可以是盈利状况等。一般来讲,以企业资产作为债务偿还的保障,只是一种理论意义,而无现实意义,因为如果企业通过变卖资产来偿还债务,而不是以经营活动产生的现金流或者利润来偿还债务,那么企业将面临较大的财务风险。

二、偿债保障能力指标计算

(1)债务保障倍数反映企业用当期经营现金净流量偿还全部债务的能力,比率越高,能力越强,其计算公式如下:

$$债务保障倍数 = \frac{经营现金净流量}{负债总额} \qquad (2-75)$$

(2)利息保障倍数又叫已获利息倍数,反映企业的经营所得支付债务利息的能力,其计算公式如下:

$$利息保障倍数 = \frac{息税前利润}{债务利息} = \frac{利润总额 + 利息费用}{债务利息} \qquad (2-76)$$

(3)债务本息保障倍数反映企业以息税前利润支付当年还本付息的能力。利息税前支付;偿还本金需要还原到税前的水平。

$$债务本息保障倍数 = \frac{利润总额 + 利息费用}{利息费用 + \dfrac{年度还本额}{1 - 所得税税率}} \qquad (2-77)$$

三、实例分析

表2-30 2020年贵州茅台、五粮液和四川长虹债务保障能力相关数据

指标	贵州茅台	五粮液	四川长虹
利润总额	661.97	276.78	4.42
利息费用(财务费用)	-2.35	-14.85	3.26
其中:利息费用	无借款	无借款	5.76
利息收入	2.79	15.22	5.03

续表

指标	贵州茅台	五粮液	四川长虹
负债总额	456.75	261.35	573.91
其中：流动负债	456.74	258.79	542.98
长期负债	0.01	2.56	30.93
经营现金净流量	516.69	146.98	13.87
债务保障倍数	1.13	0.56	0.024
利息保障倍数	—	—	1.77

分析如下（见表 2-30）：

（1）债务保障倍数的对比分析

茅台的债务保障倍数为 1.13，五粮液为 0.56，说明茅台优于五粮液，该指标是经营现金净流量与负债总额之比，与经营现金净流量成正相关，与负债总额成负相关。茅台的经营现金净流量是五粮液的 3.51 倍，而茅台的负债总额是五粮液的 1.75 倍，使得茅台的债务保障倍数是五粮液的 2.02 倍。可见，茅台的偿债能力较五粮液强。

（2）利息保障倍数

茅台和五粮液两公司均没有银行借款，无利息费用，所以计算该指标无意义。值得注意的是，两家公司没有银行贷款，一方面说明企业的资金充足，但另一方面也说明流动性过剩，茅台的货币资金达到 1542.9 亿元，五粮液的货币资金达到 682.10 亿元，说明这两家公司的投资不足，影响到其盈利能力。如果两家公司和类似的公司充分利用自身充足的现金流，适当开拓一些新业务，扩大一些可行的投资，将会提升公司的盈利能力和发展能力。

（3）长虹偿债保障能力分析

长虹公司的债务保障倍数为 0.024，利息保障倍数为 1.77。负债总额高达 573.91 亿元，而经营活动年现金净流量为 13.87 亿元，也就是说，如果以经营活动年现金净流量偿还公司债务，则需要 41.38 年；同时，年利息费用达到 5.76 亿元，利息保障倍数为 1.77，说明其偿还利息有保障。

> **课堂总结**

1. 了解偿债保障能力的经济含义。
2. 了解偿债保障能力指标的计算。
3. 了解偿债保障能力的分析方法。

第 47 课　长期负债与资产的配比性分析

一、长期负债与资产配比的经济含义

一般来讲,企业通常根据资产投资的需求进行融资,即资源配置,或者说融资的目的在于投资,而资产投资可以分为流动资产投资和固定资产投资,或者说短期资产投资和长期资产投资,相应地,就有短期融资和长期融资满足相应资产的投资,这就产生了资产负债期限结构配比的问题。如果企业过多地通过短期负债融资满足长期资产投资的需求,那么势必加重企业短期偿还债务的压力,甚至是出现现金短缺而致使企业破产;相反,如果企业过度依靠长期负债和股权融资满足短期资产的投资需求,那么势必导致企业盈利水平下降,因为长期资本的融资成本较高。前述的经营策略,实际上就涉及资产负债期限结构的配比问题。

按照谨慎性经营策略的要求,流动资产应大于流动负债,净流动资产应大于零。也就是说,企业长期资金除了要满足长期资产投资的需求外,还要满足一部分流动资产投资的需求。而长期资产主要是固定资产、无形资产和长期投资等,从经营角度来说主要是固定资产;而长期资金包括长期负债和股权。这里特别关注长期负债。

二、长期负债与资产配比性分析的指标计算

(一) 长期负债与固定资产比率

长期负债与固定资产比率反映的是长期负债与固定资产的配比程度。其计算公式如下:

$$长期负债与固定资产比率 = \frac{长期负债总额}{固定资产} \qquad (2-78)$$

(二) 长期负债与净营运资金比率

长期负债与净营运资金比率反映的是长期负债与净营运资金的配比程度。其计算公式如下:

$$长期负债与净营运资金比率 = \frac{长期负债总额}{净营运资金} \times 100\% \qquad (2-79)$$

其中

$$净营运资金 = 流动资产 - 流动负债 \qquad (2-80)$$

案例 2-23　2020 年贵州茅台、五粮液、四川长虹长期负债与资产比率相关数据如

表2-31所示。

表2-31　2020年贵州茅台、五粮液、四川长虹长期负债与资产比率相关数据

指标	贵州茅台	五粮液	四川长虹
净营运资金/亿元	1399.77	764.77	18.44
固定资产/亿元	162.25	58.67	80.72
长期负债/亿元	0.01	2.56	30.93
长期负债与固定资产比率/%	—	4.36	38.32
长期负债与净营运资金比率/%	—	—	167.73

分析如下。

（1）长期负债与资产期限结构的配比分析

贵州茅台和五粮液的长期负债很少甚至可以忽略，因此长期负债与固定资产和净营运资金的配比分析意义不大，或者从资产对长期负债的保障来讲是有绝对的保障。

（2）资本结构分析（见表2-32）

表2-32　2020年贵州茅台、五粮液、四川长虹资本结构相关数据　　　单位：亿元

指标	贵州茅台	五粮液	四川长虹
负债总额	456.75	261.35	573.91
其中：流动负债	456.74	258.79	542.98
长期负债	0.01	2.56	30.93
股权	1677.21	877.58	211.96
负债股权合计	2133.96	1138.93	785.87
流动资产	1856.52	1023.56	561.42
长期资产	277.44	115.37	224.45
其中：固定资产	162.25	58.67	80.72
无形资产	48.17	4.34	42.88
长期股权投资	0	18.50	37.04
资产合计	2133.96	1138.93	785.87

贵州茅台和五粮液的股东权益比率高，前述贵州茅台和五粮液的资产配置主要靠股权融资，并且主要是利润积累，从这个角度来看，两家公司的资本结构决策显然是存在问题的。一般来说，资本成本是"股权成本＞长期负债成本＞短期负债成本"的，两家公司的资产配置都是成本最高的股权融资，说明两家公司没有好的长期资产投资，这将影响到公司未来的发展。

①贵州茅台。贵州茅台总资产中占比最大的项目是流动资产，为87%；固定资产占比为7.60%；无形资产占比为2.26%；无长期股权投资。相应的融资结构：资

产权益率为78.60%，流动负债占比为21.40%，几乎无长期负债。说明贵州茅台主要靠股权融资满足经营的资金需求，负债率只有21.40%，而且只是流动负债，没有长期负债。

②五粮液。五粮液总资产中占比最大的项目是流动资产，为89.87%；固定资产占比为5.15%；无形资产占比为0.38%；长期股权投资占比为1.62%。相应的融资结构：资产权益率为77.05%，流动负债占比为22.72%，长期负债很少。股权融资满足经营需要。

③四川长虹。四川长虹在资产负债期限结构的配比方面问题更大：流动负债占总资产比例较大，达到了69.09%；长期负债所占比例较小，为3.94%；总负债率达到了73.03%。所以，四川长虹的融资主要靠流动负债，其次是股权融资占比为26.97%；资产结构中流动资产占比为71.44%，固定资产占比为10.27%，无形资产占比为5.46%，长期股权投资占比为4.71%。由此可见，四川长虹主要靠负债融资满足经营的资金需求。

> **课堂总结**
>
> 1. 了解资产负债期限结构配比的经济含义。
> 2. 了解资产负债期限结构配比的指标计算和分析。

第48课　杠杆原理及其对资本结构的影响

一、资本结构分析的重要性

证券投资的目的是获取较高的投资收益，所以在投资决策中要尽可能寻找那些有较高价值增长潜力的股票进行投资。在证券投资分析中，要高度重视公司的资本结构，因为不同资本结构会导致公司的价值不同。

按照税法规定，债务利息可以税前扣除，增加债务就会增加债务利息，从而减少税收支付、增加公司价值，这叫作"节税利益"。但过度使用债务，将导致财务危机甚至是破产风险。按照资本结构理论，公司价值将随着资本结构的变动而变动，其变动规律如图2-36所示，计算公式为：

$$V = f\left(\frac{B}{S}\right) \qquad (2-81)$$

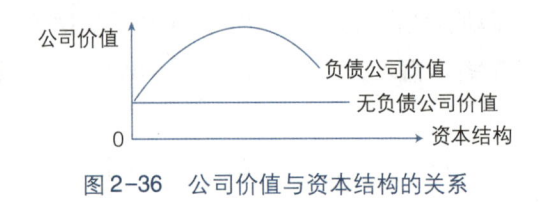

图 2-36 公司价值与资本结构的关系

可见，公司融资的资本结构决策对公司价值的影响很大，即财务决策中财务杠杆的利用程度影响公司价值。

二、杠杆原理

公司经营的主要杠杆有经营杠杆和财务杠杆，以及两种杠杆综合作用形成的联合杠杆。

（一）经营杠杆

经营杠杆又叫"营业杠杆"或营"运杠杆"，是企业在经营活动中对营业成本中固定成本的利用程度。按照管理会计学理论：

$$产品单位售价 - 单位变动成本 = 单位边际贡献 \tag{2-82}$$

$$单位边际贡献 - 单位固定成本 = 单位产品利润 \tag{2-83}$$

并且单位固定成本在一定条件下与产量的变动呈负相关，公司可以通过扩大营业额（S）降低单位营业额的固定成本，从而增加单位营业利润，由此形成营业杠杆。营业利润通常以息税前利润（EBIT）表示。经营杠杆的合理利用，可以增加营业利润；相反，过度利用经营杠杆，将会产生经营风险。衡量营业杠杆利用程度的指标叫作"营业杠杆度"（DOL）。营业杠杆度，是指营业利润的变动率相对于营业额变动率的倍数。

$$营业杠杆度（DOL）= \frac{息税前利润变动率}{营业额变动率} = \frac{\frac{\Delta EBIT}{EBIT}}{\frac{\Delta S}{S}} \tag{2-84}$$

当 $\Delta S > 0$ 时，即收入上升，$DOL \begin{cases} > 1 & 营业杠杆利益 \\ = 1 & 适度 \\ < 1 & 营业杠杆风险 \end{cases}$ }经营风险

当 $\Delta S < 0$ 时，即收入下降，$DOL \begin{cases} > 1 & 营业杠杆风险 \\ = 1 & 适度 \\ < 1 & 营业杠杆利益 \end{cases}$

营业杠杆的大小影响着息税前利润，而且不同行业的固定成本及其体现的经营风险不同，从而制约了公司的融资能力及其资本结构的选择。不仅如此，营业杠杆度还可以分析固定资产投资的适度规模。一般来讲，固定资产代表生产力，不能太多也不

能太少，当 $DOL=1$ 时，可视为适度。

（二）财务杠杆

财务杠杆，又叫"融资杠杆"，是指公司在融资活动中资本成本相对固定的债务资本的利用程度。衡量财务杠杆利用程度的指标叫作"财务杠杆度（DFL）"。债务资本成本为利息，相对于股权资本，其成本相对固定。财务杠杆的合理利用，会产生财务杠杆利益，因为利息在税前扣除，具有节税效应；相反，过度利用，将会带来财务杠杆风险。NP 为净利润。

$$财务杠杆度 = \frac{净利润变动率}{息税前利润变动率} = \frac{\frac{\Delta NP}{NP}}{\frac{\Delta EBIT}{EBIT}} \quad (2\text{-}85)$$

当 $\Delta EBIT > 0$ 时，即息税前利润上升，$DFL \begin{cases} >1 \text{ 财务杠杆利益} \\ =1 \text{ 适度} \\ <1 \text{ 财务杠杆风险} \end{cases}$ } 财务风险

当 $\Delta EBIT < 0$ 时，即息税前利润下降，$DFL \begin{cases} >1 \text{ 财务杠杆风险} \\ =1 \text{ 适度} \\ <1 \text{ 财务杠杆利益} \end{cases}$

（三）联合杠杆

联合杠杆，是指经营杠杆和财务杠杆的联合作用，是净利润的变动率相对于营业额的变动率的倍数。衡量联合杠杆利用程度的指标利用程度的指标叫作"联合杠杆度（DCL）"

$$联合杠杆度 = \frac{净利润变动率}{营业额变动率} = \frac{\frac{\Delta NP}{NP}}{\frac{\Delta S}{S}} = \frac{\frac{\Delta NP}{NP}}{\frac{\Delta EBIT}{EBIT}} \times \frac{\frac{\Delta EBIT}{EBIT}}{\frac{\Delta S}{S}}$$

$$DCL = DFL \times DOL \quad (2\text{-}86)$$

即

$$联合杠杆度 = 经营杠杆度 \times 财务杠杆度 \quad (2\text{-}87)$$

三、杠杆利用对资本结构的影响

如前所述，企业的经营目的是在风险最小前提下获取最大收益，要达到这一目的最重要的就是风险管理。按照杠杆原理，风险管理的总体要求是使总风险最小。而不同行业固有的经营风险和财务风险不同。如果固有的财务风险大，则应当降低经营风险，控制固定资产的扩张规模；如果固有的经营风险大，则应当降低财务风险，采取

低负债率融资。财务杠杆和经营杠杆的利用都将影响到资本结构。

> **课堂总结**
>
> 1. 了解资本结构决策的影响因素。
> 2. 了解经营杠杆和财务杠杆的经济含义。
> 3. 了解杠杆的利用对资本结构的影响。

第49课 杠杆利用与财务决策分析

公司财务决策的一个重要内容是确定资本结构,也就是确定财务杠杆的利用程度。资本结构在理论上是一个难点,无论是 MM 理论还是代理成本理论抑或是其他理论,都没有得出一个最佳资本结构的结论,因此也被称为"资本结构之谜"。资本结构是一个极其复杂的问题,受到多种因素的影响。其影响因素有以下几个。

(1) 融资的便利性和灵活性。

(2) 管理层对风险的态度。

(3) 税收法规的影响。在存在企业所得税的条件下,债务利息在税前扣除,增加债务融资将增加债务利息,减少税收支付,从而降低债务的资本成本,增加公司价值。因此,税收是影响债务使用的一个重要因素。

(4) 经营杠杆和财务杠杆的影响。经营杠杆和财务杠杆的合理利用,将增加杠杆利益;相反,二者的过度利用将导致经营风险和财务风险,这是影响资本结构决策的重要因素。这在 CAPM 模型中充分体现了公司特有的风险。

案例2-24 2019—2020 年贵州茅台、五粮液、四川长虹营收及财务杠杆率相关数据分别如表 2-33、表 2-34 所示。

表 2-33 2019—2020 年贵州茅台、五粮液、四川长虹营收相关数据

指标	年份	营业收入				净利润			
		金额/亿元	增长率/%	利润总额/亿元	利息费用/亿元	EBIT	增长率/%	金额/亿元	增长率/%
贵州茅台	2019	854.30	—	587.83	—	587.83	—	439.70	—
	2020	949.15	11.10	661.97	—	661.97	12.61	495.25	12.63
五粮液	2019	501.18	—	241.06	—	241.06	—	182.28	—
	2020	573.21	14.37	276.78	—	276.78	14.82	209.13	14.73

续表

指标	年份	营业收入		利润总额/亿元	利息费用/亿元	EBIT	净利润		
		金额/亿元	增长率/%				增长率/%	金额/亿元	增长率/%
四川长虹	2019	887.92	—	6.65	9.04	15.69	—	3.34	—
	2020	944.48	6.37	4.42	5.76	10.18	−35.12	2.31	−30.84

表2-34　2019—2020年贵州茅台、五粮液、四川长虹财务杠杆率相关数据

指标	DOL	DFL	DCL
计算公式	$\dfrac{\dfrac{\Delta EBIT}{EBIT}}{\dfrac{\Delta S}{S}}$	$\dfrac{\dfrac{\Delta NP}{NP}}{\dfrac{\Delta EBIT}{EBIT}}$	$DCL = DOL \times DFL$
贵州茅台	1.14	1	1.14
五粮液	1.03	0.99	1.02
四川长虹	−5.31	0.878	−4.67

需要注意的是，这里只进行了两年期的分析，分析期较短，存在一定的分析误差。

（1）贵州茅台和五粮液杠杆利用情况的对比分析

2020年，贵州茅台和五粮液的营业收入与息税前利润都是增长的，且增长幅度差距不大；二者的联合杠杆率都大于1，说明还可以扩大规模。只是两家公司都没有借款，负债率都很低，杠杆分析不突出。

（2）四川长虹的杠杆利用情况分析

2020年，四川长虹的经营杠杆度为−5.31，说明公司的固定成本很高；息税前利润增长率为−35.12%，净利润增长率为−30.84%，两者相差不大，使得财务杠杆度为0.878，说明付息负债还基本合理，这里没有包括非付息负债。因此，降低成本至关重要。

课堂总结

1. 了解资本结构决策的影响因素。
2. 了解经营杠杆和财务杠杆的计算方法。
3. 了解杠杆利用程度的分析方法。

第 50 课　财务风险及长期偿债能力综合分析

将企业资本结构及财务风险的各方面综合起来，可以有效地避免单个指标分析的缺陷，更系统地考察企业的长期偿债能力及其影响因素，为投资决策提供更有效的依据。

案例 2-25　2020 年贵州茅台、五粮液和四川长虹财务风险相关数据如表 2-35 所示。

表 2-35　2020 年贵州茅台、五粮液和四川长虹财务风险相关数据

指标	贵州茅台	五粮液	四川长虹
资产总额/亿元	2133.96	1138.93	785.88
其中：流动资产/亿元	1856.52	1023.56	561.42
固定资产/亿元	162.25	58.67	80.72
负债总额/亿元	456.75	261.35	573.91
其中：流动负债/亿元	456.74	258.79	542.98
长期负债/亿元	0.01	2.56	30.93
股权（净资产）/亿元	1677.21	877.58	211.97
营业收入/亿元	949.15	573.21	944.48
经营活动现金净流量/亿元	516.69	146.98	13.87
利润总额/亿元	661.97	276.78	4.42
利息费用/亿元	—	—	5.76
净利润/亿元	495.25	209.13	2.31
资产负债率/%	21.40	22.95	73.03
资产权益率/%	78.60	77.05	26.97
产权比率/%	27.23	29.78	270.75
权益乘数	1.27	1.30	3.71
债务保障倍数	1.13	0.56	0.024
利息保障倍数	—	—	1.77
长期负债与固定资产比率/%	—	4.36	38.32
长期负债与净营运资金比率/%	—	—	167.73

分析如下。

（1）贵州茅台和五粮液的对比分析

①资本结构的对比分析。

两家公司的资本结构非常接近，负债率都在 20% 多一点，属于低负债率公司，

而且都主要是短期负债，长期负债方面，贵州茅台没有，五粮液很少。所以，这两家公司主要靠股权融资，这是二者的共同点；但在股权融资方面二者存在很大区别，贵州茅台主要靠利润积累，股本扩张不大，而五粮液的股权融资，既有股本扩张，又有利润积累。通过对二者的对比发现，两家公司的财务决策有着巨大差异：五粮液的股本扩张倍数是贵州茅台的 3 倍多，而利润不足贵州茅台的一半，虽然都是绩优股，但其股价的市场表现差异很大，贵州茅台股价是五粮液的近 7 倍，贵州茅台的每股净资产价值是五粮液的 6 倍。所以，在靠股本扩张进行资源配置时，不能忽略稀释效应及其产生的影响。由此可见，体现资本结构的财务决策对公司及其股价的影响很大。

②偿债保障的对比分析。

贵州茅台和五粮液都属于低负债率公司，每年产生的经营现金净流量很多，而且长期负债很少，几乎没有长期借款，所以无论是债务还是利息偿还都有足够的保障。

③资产负债期限结构配比的对比分析。

贵州茅台和五粮液的融资主要是股权融资和短期负债，几乎没有长期负债，甚至没有银行借款。从这种资产负债的配比特征可见：两家公司有充足的现金流满足生产经营需要；两家公司没有规模扩张的需求，现在的战略都是维持现有规模的生产经营。因没有更好的投资项目，两家公司的现金流显得非常充足。

（2）四川长虹的资本结构分析

①负债率过高，几乎达到了极限的负债水平，财务风险较大。

②现金流产生能力下降，944.48 亿元的营业收入产生的经营活动现金净流量仅为 13.87 亿元，有可能存在高比例赊销产生高比例应收账款的情况，信用风险较大；流动负债比例过大，偿债压力较大，资本结构不合理。

> **课堂总结**

1. 了解财务风险和资本结构的经济含义。
2. 了解长期偿债能力综合分析方法。
3. 了解公司资本结构及其财务风险对投资决策的重要性。

第七节 价值创造及发展能力分析

第51课 价值增长与发展能力分析的重要性

一、价值增长与发展能力的经济含义

（一）价值增长

1. 价值增长的含义

价值增长，是股东、债权人以及公司等利益相关者的追求目标。公司价值最大化是公司自始至终追求的目标。这里讲的价值增长，是指公司通过资产投资的价值创造实现的价值增长，而不是公司价值在金融市场上所体现的价值。

2. 价值增长与资产负债的关系（见表 2-36）

表 2-36 价值增长与资产负债的关系

资产	金额	负债及股权	金额
真实资产（RA）		流动负债（Bs）	
短期真实资产（As）		长期负债（BL）	
长期真实资产（AL）		总负债（B）	
金融资产（FA）		股权（S）	
总资产（$\sum A$）		负债及股权合计（$B+S$）	

按照著名的资本结构 MM 理论：只有资产投资才创造价值；融资不创造价值，只为资产投资进行资源配置。也就是说，公司价值由实体经济投资创造，与融资的资本结构无关。在有所得税的条件下，虽然债务利息在税前扣除，可以减少所得税，从而增加公司价值，但这种价值的增加是源于纳税的减少，而不是价值创造的增加。

3. 股票估值与价值增长

按照股票估值理论，股票价值是未来现金流按照适当折现率折现的现值，而未来的现金流正是源于公司投资所创造的增量现金流，也就是源于利润的现金流。按照股票估值的 NPVGO 理论，假定公司按照简单再生产模式运行，公司利润零增长，每年实现的利润全部用于分红，则公司价值就是所有资产创造的预期收益（以 EBIT 表示）按照适于公司风险等级的报酬率折现的现值，这时公司的价值以及

公司股票的价值是不变的;如果要使价值增长,唯一的途径就是增加投资,寻找正净现值(NPV)的项目进行投资,也就是要寻找增长机会进行投资使价值增长。

(二) 发展能力

公司的发展能力表现为两个方面:一是公司价值增长的能力,这是公司发展的核心能力;二是公司实现发展的资源配置能力,也就是公司的融资能力。融资虽然不创造价值,但会影响价值创造。比如,有一个好的投资项目会使公司价值持续增长,但如果公司无法融到投资所需的资本,就缺乏必要的资源投资使得价值增长。

二、价值增长及发展能力分析的重要性

(一) 公司价值增长与股票价值增长

前述股票价值是未来现金流按照适当折现率折现的现值,而这里的现金流,是指现金股利(DPS),即未来的现金股利越多,股票价值越大。表示为

$$Vs_0 = \frac{CF_t}{(1+r)^t} = \frac{DPS_t}{(1+r)^t} \tag{2-88}$$

股票价值的决定因素:一是公司每年的净利润及增长情况;二是股利政策,即股利支付率和股利形式。这两点在股票投资的决策中至关重要。

(二) 不同价值增长股票的市场表现

1. 净利润增长股票的市场表现

如果以净利润的增长为标准考核股票的市场表现,则股价将随净利润的增长而上涨。如图 2-37 和图 2-38 所示,科威尔 2020 年的净利润同比增长了 1043857.99%,股价在短期内上涨了 100% 以上。

市盈率(动态): 82.78	每股收益: 0.16元	每股资本公积金: 9.29元	分类: 小盘股
市盈率(静态): 78.08	营业总收入: 0.37亿元 同比增长163.96%	每股未分配利润: 1.25元	总股本: 0.80亿股
市净率: 4.52	净利润: 0.13亿元 同比增长1043857.99%	每股经营现金流: 0.03元	总市值: 42.19亿元
每股净资产: 11.67元	毛利率: 55.27%	净资产收益率: 1.37%	流通A股: 0.19亿股
最新解禁: 2021-09-10	解禁股份类型: 首发原股东限售股份	解禁数量: 556.50万股	占总股本比例: 6.96%

图 2-37 2021 年 1 月 20 日科威尔个股资料

图 2-38　2020 年 12 月至 2021 年 6 月科威尔日 K 趋势

2. 净利润下降股票的市场表现

如果以净利润的增长为标准考核股票的市场表现，则股价将随净利润的下降而下跌，如图 2-39 和图 2-40 所示，中信国安 2020 年的净利润同比下降 14789.18%，净利润大跌，股价也大幅下跌，股价还将持续下降。

图 2-39　2021 年 1 月 20 日中信国安个股资料

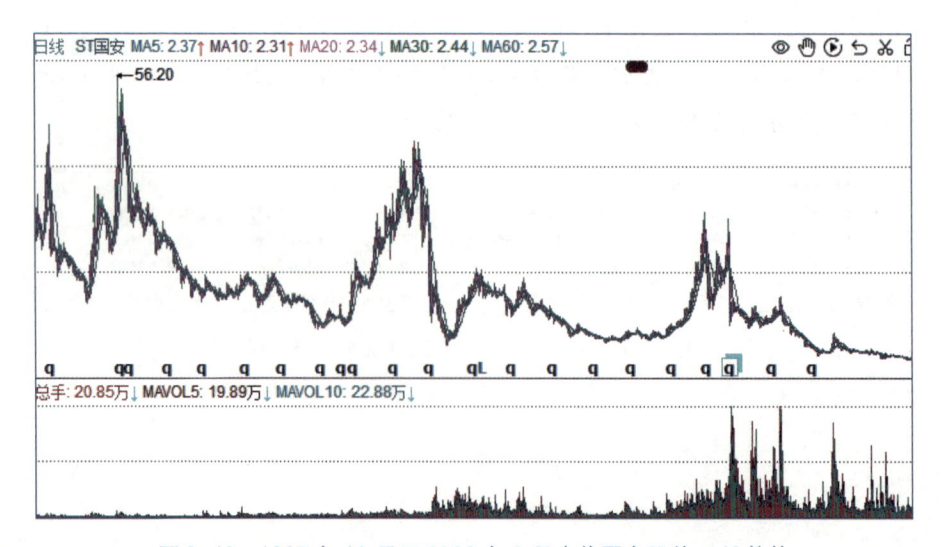

图 2-40　1997 年 12 月至 2022 年 2 月中信国安股价日 K 趋势

3. 净利润逐年持续增长股票的市场表现

净利润逐年持续增长股票，比如贵州茅台、五粮液、招商银行等，净利润至少连续 5 年增长，其股价也都是持续上涨。贵州茅台的市场表现如图 2-41 所示。

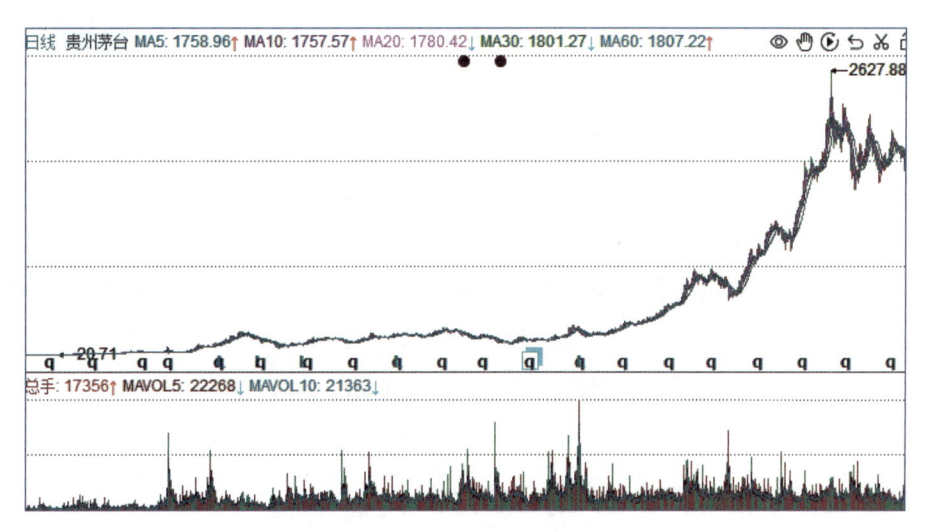

图 2-41　2002 年 8 月至 2023 年 1 月贵州茅台股价日 K 走势

课堂总结

1. 了解价值增长和发展能力的经济含义。
2. 了解价值增长与股价市场表现的关系。
3. 了解价值增长和发展能力分析的意义。

第 52 课　价值增长与发展能力的有效性

一、价值增长及其衡量指标

（一）价值增长与经济增长

公司价值增长源于公司经济增长，公司经济增长不仅是多种因素共同作用的结果，也是一个综合性很强的系统概念，而且具有多种表现形式。根据不同的分类标准，可将经济增长分为外延型经济增长和内涵型经济增长、投资型经济增长和融资型经济增长、资产扩张型经济增长和并购重组型经济增长等。无论哪种类型的经济增长，最终结果都表现为收益增长，前述收益增长类型中详述了不同增长类型，包括融资型增长、创新型增长、管理型增长、策略型增长和并购型增长等。现实中,经济增长类型可能不是单一的,而是几种类型结合的。这些经济增长是否有效至关重要,前述企业报酬的分层考察中,主要从收入、息税前利润和净利润等层次考察不同层次增长的效果。只有产生有效的经济增长,才能创造价值并使其价值增长,而只有这样的经济增长体现的发展能力才是有效的。

(二)价值增长与经济增长的衡量指标

(1)增长率(g)是核心指标。

(2)增长额指标。

当公司增长率长期处于下降趋势,甚至是负增长水平,偶尔出现较高增长率时,其增长的绝对金额却很低,比如 ST 股票的公司,一旦扭亏为盈,其增长率就会较高,但其增长额较小,由此产生误解。因此,看价值增长不仅要看增长率,还要看增长额。

二、经济增长和价值增长的分层内容

按照企业再生产过程的自然逻辑顺序,企业经济增长首先从融资开始;以配置的资源通过资产投资行为对市场提供产品和服务,实现收入的增长;通过管理行为降低成本费用,实现利润增长;通过利润分配实现投资者的投资回报。

根据上述内容,在经济增长过程中涉及很多环节,因此可以用以下增长率指标表示经济增长:融资增长率 g_F、资产投资增长率 g_A、收入增长率 g_S、息税前增长率 g_{EBIT}、净利润增长率 g_{NP}、每股收益增长率 g_{EPS}、股利增长率 g_{CDPS}。

上述增长率的计算均为增长额与上期数值的比值,如收入增长率 $g_S = \dfrac{\Delta S}{S}$。

三、经济和价值增长的有效性

由企业再生产过程可知,要实现经济增长,必须先有投资增长,相应地,必须有融资增长,但如果不能产生收入和利润增长,就不能增加其价值。有效的经济增长和价值增长一般会符合下面的等式:

$$g_F \leq g_A \leq g_S \leq g_{EBIT} \leq g_{EPS} \leq g_{CDPS} \tag{2-89}$$

式(2-91)表明,有效经济增长体现了一系列的决策过程,包括经营决策和财务决策等,如果能够始终按照上述要求进行决策,那么必将对公司行为形成有效的约束和规范,从而提高经济增长的有效性。

说明如下。

(1)资产投资增长率大于等于融资增长率。融资的资源配置要适应投资的资本

需求，需要根据资产投资的需求确定资源配置的方案，实现有效的资源配置。最基本的要求：投资需求制约融资行为，避免盲目融资导致资源浪费。如果企业融资后没有好的投资项目进行投资，而是在报表上表现为大量的现金资产，这种融资就是无效的。

（2）收入增长率大于等于资产投资增长率。资产投资的目的就是增加收入，不能增加收入的投资就是无效投资；收入增长率大于等于投资增长率的投资是理想状态，即使收入增长率不能高于投资增长率，也要保证收入绝对值的增长。

（3）息税前利润增长率大于等于收入增长率。息税前利润增长率不低于收入增长率体现的是成本管理的效果，或者是经营杠杆利用的效果，即经营杠杆利益。

（4）净利润增长率大于等于息税前利润增长率。净利润与总股份之比为每股收益，则可用每股收益增长率大于或等于息税前利润增长率，体现财务决策的效果，或者是财务杠杆利用的效果，即财务杠杆利益。

（5）每股股利增长率大于等于净利润增长率。每股股利反映公司的股利分配情况，投资者投资股票就是希望从股票投资中获得收益，包括股利和股票卖价与买价之差。而最终的股票售价又取决于未来投资者希望从股票投资中能获得的股利。只有每股股利的增长率至少等于每股收益的增长率，才能有效地保证投资者的投资回报，使投资者能够有效地分享公司经济增长的红利。这就要求公司在实现利润增长的同时制定合理的股利分配政策，有效地保护投资者的利益。

四、价值增长与发展能力对股价市场表现的影响

通常符合上述特征的股票，股价的市场表现都很好，所以这些特征正是股票投资重要的选股决策依据。在同花顺软件中个股页面上单击F10后可在个股资料最新动态中看收入与净利润增长指标。舍得酒业2021年的市场表现如图2-42、图2-43所示。

市盈率(动态): 64.02	每股收益: 0.91元	每股资本公积金: 2.66元	分类: 大盘股
市盈率(静态): 133.02	营业总收入: 10.28亿元 同比增长154.21%	每股未分配利润: 7.97元	总股本: 3.36亿股
市净率: 19.90	净利润: 3.02亿元 同比增长1031.19%	每股经营现金流: 1.16元	总市值: 773.04亿元
每股净资产: 11.56元	毛利率: 77.60%	净资产收益率: 8.09%	流通A股: 3.32亿股
最新解禁: 2021-08-25	解禁股份类型: 股权激励限售股份	解禁数量: 191.94万股	占总股本比例: 0.57%

图2-42 舍得酒业2021年各项指标

图 2-43 2020 年 11 月至 2021 年 6 月舍得酒业股价日 K 趋势

> **课堂总结**

1. 了解价值增长和发展能力的经济含义。
2. 了解企业经济增长和价值增长的有效性标准。
3. 了解价值增长有效性对股价市场表现的影响。

第 53 课 企业发展能力分析的指标体系

一、企业发展能力的影响因素

企业的发展，尤其是能够实现价值持续增长的有效发展，是多因素共同作用的结果，反映了企业的综合实力。企业发展能力的影响因素如下。

（1）产品及其市场竞争力。产品及其市场竞争力是企业发展的首要因素，即企业的发展方向。

（2）创新能力。创新能力，尤其是新产品的研发能力，是保证企业持续有效发展的原动力。

（3）资源配置能力。当企业有好的投资项目时，就需要通过资源配置来实施，所以融资也会在一定程度上影响企业的发展。

（4）生产能力。生产能力主要是指企业的固定资产所体现的生产能力，体现企业的科技水平，也是企业竞争力的体现。

（5）管理能力。管理能力包括资产负债管理能力、成本费用管理能力等，通过加强管理，可以实现资产负债的最优配置、扩大产品销售、降低成本，提高盈利能力。

二、企业发展能力分析方法

企业发展能力的分析，通常采取指标分析、趋势分析、因素分析等方法。

指标分析：通过一系列衡量企业发展能力的财务指标分析企业的发展能力，由此形成发展能力指标体系。

趋势分析：主要是将发展能力指标按照时间序列进行纵向分析，揭示企业发展能力的变动趋势，寻找发展能力的变动规律，从而预测未来。

因素分析：主要通过比较找出差距，然后通过因素分析，找出形成差距的原因。

其中，最主要的方法是指标分析和趋势分析结合，进行纵向的分析，寻求发展规律。

三、企业发展能力分析的指标体系

企业发展能力分析指标体系见图2-44。运用图2-44所示的指标，分析企业不同环节及层次的发展，比如资产投资、营业收入、成本费用管理、息税前利润、净利润及其利润分配等环节，尤其是各相关环节的综合分析，可获知各个环节增长及发展的有效性。

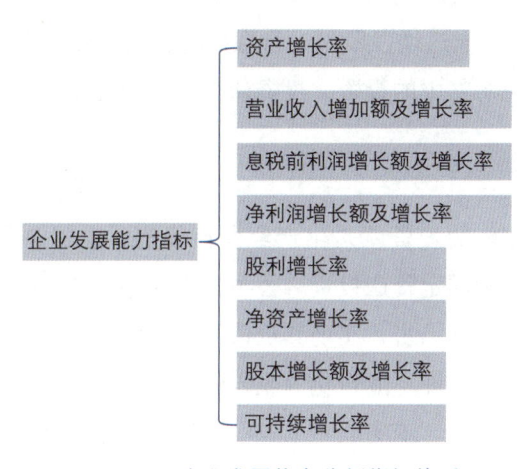

```
                          ┌─ 资产增长率
                          ├─ 营业收入增加额及增长率
                          ├─ 息税前利润增长额及增长率
                          ├─ 净利润增长额及增长率
      企业发展能力指标 ───┤
                          ├─ 股利增长率
                          ├─ 净资产增长率
                          ├─ 股本增长额及增长率
                          └─ 可持续增长率
```

图 2-44　企业发展能力分析指标体系

> **课堂总结**
>
> 1. 了解企业发展能力的影响因素。
> 2. 了解企业发展能力分析的指标体系。

第54课 资产投资与收入增长的对比分析

一、资产投资与收入增长的逻辑关系

按照再生产理论,企业的再生产过程见图2-45。

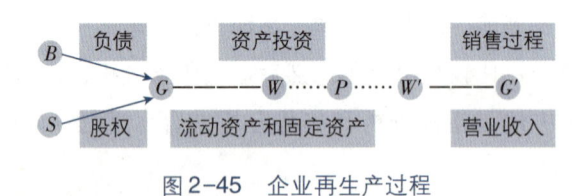

图2-45 企业再生产过程

这一过程表现为以下几种行为:

1. 融资行为

企业通过债务(B)和股权(S)为资产投资进行资源配置,则融资的直接目的是资产投资。如果公司通过发行股票融资,但财务报表中长时间躺着较大数额的货币资金,就说明公司融资没有转化为资产投资,这种融资就是无效融资。对于那些通过IPO上市的公司以及那些通过增发股份进行融资的公司,要特别关注公司的招股说明书,尤其是分析招股说明书中的投资,投资什么、投资规模、投资回报,以及是否与融资规模相适应等。

2. 投资行为

公司最基本、最主要的投资就是生产经营性投资,也就是最传统的实体经济投资,包括流动资产投资和固定资产投资。公司运用这些资产进行生产经营活动,生产出产品。如果产品能够顺利销售,实现其价值及价值增长,则资产投资是有效的;否则,说明其资产投资无效,即不能转化为收入的投资是无效投资。对于股东来说,无效投资是有害的,或者也叫"有害投资"。无效投资在公司治理中是一个重要的研究课题。因此,在股票投资中,要特别关注公司资产投资增长与收入增长之间的关系。

3. 销售行为

对于企业来说,销售至关重要,生产的产品通过销售实现价值,取得销售收入,这不仅可以检验企业资产投资是否有效,而且可以检验产品生产的质量及企业管理的水平。因为高质量的产品不仅能获得较好的市场表现,而且能取得较高的定价,实现较高的价值增值。

二、资产投资与收入增长分析的指标

1. 资产增长率

资产增长率反映总资产的增长情况。其计算公式如下:

$$资产增长率 = \frac{本年总资产增长值}{年初总资产} \times 100\% \qquad (2-90)$$

2. 收入增长率

收入增长率反映收入增长速度。其计算公式如下:

$$收入增长率 = \frac{本年营业收入增长值}{上年营业收入} \times 100\% \qquad (2-91)$$

3. 收入增长额

收入增长额反映收入增长规模。其计算公式如下:

$$收入增长额 = 本年营业收入 - 上年营业收入 \qquad (2-92)$$

以上三个是资产增长分析的主要指标,补充分析还需要分析资产构成增长率、负债增长率和股权增长率。其中,资产构成增长率由流动资产增长率和固定资产增长率构成;负债增长率由流动负债增长率和长期负债增长率构成。补充分析是对资产及收入增长的特征及原因的进一步分析说明。

4. 流动资产增长率

流动资产增长率反映流动资产增长速度。其计算公式如下:

$$流动资产增长率 = \frac{本年流动资产增长值}{年初流动资产} \times 100\% \qquad (2-93)$$

5. 固定资产增长率

固定资产增长率反映固定资产增长速度。其计算公式如下:

$$固定资产增长率 = \frac{本年固定资产增长值}{年初固定资产} \times 100\% \qquad (2-94)$$

6. 负债增长率

负债增长率反映负债融资增长速度。其计算公式如下:

$$负债增长率 = \frac{本年总负债增长值}{年初总负债} \times 100\% \qquad (2-95)$$

7. 流动负债增长率

流动负债增长率反映流动负债增长速度。其计算公式如下:

$$流动负债增长率 = \frac{本年流动负债增长值}{年初流动负债} \times 100\% \qquad (2-96)$$

8. 长期负债增长率

长期负债增长率反映的是长期负债增长速度。其计算公式如下:

$$长期负债增长率 = \frac{本年长期负债增长值}{年初长期负债} \times 100\% \quad (2-97)$$

9. 股权增长率

股权增长率反映股权增长速度。其计算公式如下:

$$股权增长率 = \frac{本年股权增长值}{年初总股权} \times 100\% \quad (2-98)$$

案例 2-26 2020年贵州茅台、五粮液和四川长虹资产投资与收入增长数据如表2-37所示。

表2-37 2020年贵州茅台、五粮液和四川长虹资产投资与收入增长数据

指标	贵州茅台			五粮液			四川长虹		
	期初值	期末值	增加值	期初值	期末值	增加值	期初值	期末值	增加值
总资产/亿元	1830.42	2133.96	303.54	1063.96	1138.93	74.97	739.89	785.88	45.99
流动资产/亿元	1590.20	1856.50	266.30	966.27	1023.56	57.29	523.36	561.42	38.06
固定资产/亿元	151.44	162.25	10.81	61.09	58.67	-2.42	74.10	80.72	6.62
总负债/亿元	411.66	456.75	45.09	303.01	261.35	-41.66	528.54	573.92	45.38
流动负债/亿元	410.93	456.74	45.81	300.35	258.79	-41.56	495.63	542.98	47.35
长期负债/亿元	0.73	0.01	-0.72	2.66	2.56	0.1	32.91	30.94	-1.97
总股权/亿元	1418.76	1677.21	258.45	760.95	877.58	116.63	211.36	211.96	0.6
总股本/亿股	12.56	12.56	0	38.82	38.82	0	46.16	46.16	0
营业收入/亿元	854.29	949.15	94.86	501.18	573.21	72.03	887.93	944.48	56.55
总资产增长率/%			16.58			7.05			6.22
营业收入增长率/%			11.10			14.37			6.37
流动资产增长率/%			16.75			5.93			7.27
固定资产增长率/%			7.14			—			8.93
总负债增长率/%			10.95			-13.75			8.59
流动负债增长率/%			11.15			-13.84			9.55

分析如下。

(1) 资产增长与融资增长的对比分析

贵州茅台:总资产增长率为16.58%,其中,流动资产增长率为16.75%,固定资产增长率为7.14%;而融资中总负债增长率为10.95%,其中,流动负债增长率为11.15%。从增长的绝对值分析,总资产增长303.54亿元,总负债增长45.09亿元,而总股权增长258.45亿元,主要由股权融资满足资产增长需求。

五粮液:总资产增长率为7.05%,其中,流动资产增长率为5.93%,固定资产略减少;而融资中总负债增长率为-13.75%,其中,流动负债增长率为-13.84%。

从增长的绝对值分析，总资产增长 74.97 亿元，总负债增长-41.66 亿元，而总股权增长 116.63 亿元，主要由股权融资满足资产增长需求，同时偿还债务 41.66 亿元。

贵州茅台和五粮液属于同一种类型，即主要靠股权融资满足资产扩张的需要，其资本成本较大。而资产扩张中，主要是流动资产的扩张，也就是以生产经营性投资为主。

四川长虹：总资产增长率为 6.22%，其中，流动资产增长率为 7.27%，固定资产增长率为 8.94%；而融资中总负债增长率为 8.59%，其中，流动负债增长率为 9.55%，长期负债和总股权增长率很少。从增长的绝对值分析，总资产增长 45.99 亿元，总负债增长 45.38 亿元，而总股权增长很少，主要由负债融资满足资产增长需求。但总负债增长率 8.59% 大于总资产增长率 6.22%，有待改进。

（2）资产增长与收入增长的对比分析

贵州茅台：总资产增长率为 16.58%，其中，流动资产增长率为 16.75%，营业收入增长率为 11.10%，营业收入增长率小于总资产增长率。资产投资中主要是流动资产投资，其资产投资部分形成存货，扩大销售才是有利的。

五粮液：总资产增长率为 7.05%，其中，流动资产增长率为 5.93%，营业收入增长率为 14.37%，营业收入增长率大于总资产增长率，还可以扩大投资规模。

四川长虹：总资产增长率为 6.22%，其中，流动资产增长率为 7.27%，营业收入增长率为 6.37%，营业收入增长基本与总资产增长同步。

> **课堂总结**
>
> 1. 了解资产投资和融资与收入增长的关系。
> 2. 了解融资与资产投资不同增长的经济意义。
> 3. 了解资产投资与营业收入不同增长的经济意义。
> 4. 了解资产投资与收入增长的分析方法。
>
> 选股原则之一：收入增长率大于等于资产增长率。

第55课 收入增长与息税前利润增长的对比分析

一、营业收入增长与息税前利润增长的逻辑关系

$$\text{营业收入} - \text{变动成本} = \text{边际贡献} = \text{固定成本} + \text{息税前利润} \tag{2-99}$$

即营业收入减去变动成本的差额为边际贡献，边际贡献首先弥补固定成本后才是息税

前利润。如果固定成本较高，边际贡献不足以弥补固定成本，则无息税前利润。也就是说，如果固定成本较高，即经营杠杆过度利用，随着收入的增长，息税前利润可能增长较小或者为负增长，这就是前述的经营风险；如果合理利用经营杠杆，就会使息税前利润的增长率大于或至少等于收入增长率，这就是经营杠杆利益。因此，企业管理要求合理利用经营杠杆。

二、收入增长与息税前利润增长指标计算

（一）营业收入增长率

营业收入增长率反映收入增长速度。其计算公式如下：

$$营业收入增长率 = \frac{本年营业收入 - 上年营业收入}{上年营业收入} \times 100\% \qquad (2-100)$$

（二）息税前利润增长率

息税前利润增长率反映息税前利润增长速度。其计算公式如下：

$$息税前利润增长率 = \frac{本年息税前利润 - 上年息税前利润}{上年息税前利润} \times 100\% \qquad (2-101)$$

（三）息税前利润增长对收入增长的弹性

息税前利润增长对收入增长的弹性反映运营水平和费用控制水平。其计算公式如下：

$$息税前利润增长对收入增长的弹性 = \frac{息税前利润增长率}{营业收入增长率} \qquad (2-102)$$

案例2-27 2020年贵州茅台、五粮液和四川长虹收入增长和利润增长数据如表2-38所示。

表2-38 2020年贵州茅台、五粮液和四川长虹收入增长和利润增长数据

	指标	贵州茅台			五粮液			四川长虹		
		上年值	本年值	增加值	上年值	本年值	增加值	上年值	本年值	增加值
指标	营业收入/亿元	854.29	949.15	94.86	501.18	573.21	72.03	887.93	944.48	56.55
	利润总额/亿元	587.83	661.97	74.14	241.06	276.78	35.72	6.65	4.42	-2.23
	利息费用/亿元	0	0	0	0	0	0	9.04	5.76	-3.28
	息税前利润/亿元	587.83	661.97	74.14	241.06	276.78	35.72	15.69	10.18	-5.51
指标计算	营业收入增长率/%		11.10			14.37			6.37	
	息税前利润增长率/%		12.61			14.81			-35.12	
	息税前利润增长对营业收入增长的弹性		1.14			1.03			-5.51	

分析如下。

（1）贵州茅台和五粮液的对比分析

贵州茅台和五粮液两家公司，息税前利润增长率与营业收入增长率均基本接近，并且息税前利润增长率都略大于营业收入增长率，贵州茅台和五粮液息税前利润增长对营业收入增长的弹性分别为1.136和1.03，都大于1且接近相等，则收入增长是有效的。

（2）四川长虹收入增长有效性分析

四川长虹营业收入增长率为6.37%，而息税前利润下降了35.12%，出现较大的反差，说明四川长虹收入增长是无效的。四川长虹虽收入增加，但成本过高，包括变动成本和固定成本，成本过高导致息税前利润大幅下降。说明四川长虹的成本费用管理存在很大的问题，致使营业收入增长不能相应地增加利润，这种营业收入增长及其为增加营业收入而增加的资产投资都是无效的。

（3）概括性分析

收入增长与息税前利润增长的关系，体现经营杠杆的利用程度。

当营业收入增长率>0，也就是营业收入增长时，息税前利润增长率大于营业收入增长率，表示为经营杠杆利益；相反为经营杠杆风险。

当营业收入增长率<0，也就是营业收入下降时，息税前利润增长率小于营业收入增长率，表示为经营杠杆利益；相反为经营杠杆风险。

在选股决策中，当营业收入增长时，尽可能选择息税前利润增长率大于营业收入增长率的股票进行投资。这是选股的重要原则。

课堂总结

1. 了解营业收入增长与息税前利润增长的关系。
2. 了解息税前利润增长与营业收入增长的经济含义。
3. 了解息税前利润增长对营业收入增长的弹性。

选股原则之二：息税前利润增长率大于等于营业收入增长率。

第56课 息税前利润增长与净利润增长的对比分析

一、息税前利润与净利润的逻辑关系

$$息税前利润-利息费用=税前利润-所得税=净利润 \qquad (2-103)$$

息税前利润＝税前利润＋利息费用 (2-104)

当实现息税前利润时,首先扣除利息费用,其差额为税前利润;税前利润扣除所得税,其差额为净利润。其中,当税前利润大于零时才有所得税,而且所得税率相对固定,因此把所得税视为一种固定费用;只有利息费用随着负债规模的变动而变动。对于股权资本来说,债务资本成本即利息是相对固定的,而股权资本成本即股利是不固定的,因此,把债务资本的利用程度称为"财务杠杆"。根据财务杠杆原理,合理利用财务杠杆会增加公司价值,过度利用财务杠杆会导致财务风险。也就是说,息税前利润增加,净利润不一定能够增加,因为如果公司过度利用债务资本会增加利息费用,当息税前利润不足以偿付增加的利息费用时,就会使净利润下降。所以,如果息税前利润增加而净利润不增加,就构成了无效的息税前利润增加及其相应的无效收入行为。

二、息税前利润增长与净利润增长分析的指标

(一) 息税前利润增长率

息税前利润增长率反映息税前利润增长速度。其计算公式如下:

$$息税前利润增长率 = \frac{息税前利润增加额}{上年息税前利润} \times 100\% \tag{2-105}$$

(二) 净利润增长率

净利润增长率反映净利润增长速度。其计算公式如下:

$$净利润增长率 = \frac{净利润增加额}{上年净利润} \times 100\% \tag{2-106}$$

(三) 息税前利润增加额

$$息税前利润增加额 = 本年息税前利润 - 上年息税前利润 \tag{2-107}$$

(四) 净利润增加额

$$净利润增加额 = 本年净利润 - 上年净利润 \tag{2-108}$$

案例 2-28 2020 年贵州茅台、五粮液和四川长虹利润增长相关数据如表 2-39 所示。

表 2-39 2020 年贵州茅台、五粮液和四川长虹利润增长相关数据

指标	贵州茅台			五粮液			四川长虹		
	上年值	本年值	增加值	上年值	本年值	增加值	上年值	本年值	增加值
利润总额/亿元	587.83	661.97	74.14	241.06	276.78	35.72	6.65	4.42	-2.23
利息费用/亿元	0	0	0	0	0	0	9.04	5.76	-3.28
息税前利润/亿元	587.83	661.97	74.14	241.06	276.78	35.72	15.69	10.18	-5.51
净利润/亿元	439.70	495.23	55.53	182.28	209.13	26.85	3.34	2.31	-1.03

续表

指标	贵州茅台			五粮液			四川长虹		
	上年值	本年值	增加值	上年值	本年值	增加值	上年值	本年值	增加值
每股收益/元	35.00	39.43	4.43	4.69	5.39	0.7	0.07	0.05	-0.02
息税前利润增长率/%			12.61			14.82			-35.12
净利润增长率/%			12.63			14.73			-30.84
净利润增长对息税前利润增长的弹性			1.0016			0.9939			0.8781

分析如下。

(1) 贵州茅台和五粮液的对比分析

贵州茅台的息税前利润增长率为12.61%，净利润增长率为12.63%；五粮液的息税前利润增长率为14.82%，净利润增长率为14.73%；两家公司的净利润增长对息税前利润增长的弹性均在1左右，净利润增长率与息税前利润增长率基本同步。主要原因是两家公司没有银行借款，无利息费用。如果采用适度合理的负债率进行有效投资，增加负债利息，就会产生节税利益，增加财务杠杆利益，可能更有利于公司的发展。

(2) 四川长虹分析

四川长虹的息税前利润增长率为-35.12%，而营业收入增长率为6.37%，净利润增长率为-30.84%，反映的问题很大：在营业收入增长的前提下，息税前利润和净利润均大幅下降达到30%以上，说明公司不仅在成本费用管理方面存在很大问题，而且其财务杠杆决策同样存在很大问题。

(3) 概括分析

在营业收入和息税前利润都增长的情况下，净利润增长率尤为重要，只有净利润的增长率大于等于息税前利润增长率，营收增加才是有效的，也才能为股票价格的良好市场表现提供坚实的价值基础。在股票投资的选股决策中，应当选择那些净利润增长率大于等于息税前利润增长率的股票；与前述内容结合，选择净利润增长率大于等于收入增长率的股票，成为重要的选股原则。

(4) 收入与净利润增长及股价的市场表现

前述的贵州茅台、五粮液等股票都在2020年实现了营收增长，且净利润增长率都大于等于营收增长率，因此其股价的市场表现一路走高。

> 案例 2-29

如图2-46和图2-47所示，某股收入同比增长19.94%，净利润同比增长79.15%，其股票价格的市场表现随此信息持续上涨。

证券投资分析：微观经济分析

市盈率(动态)： 133.86	每股收益： 0.13元	每股资本公积金： 6.10元	分类： 小盘股
市盈率(静态)： 52.39	营业总收入： 1.76亿元 同比增长19.94%	每股未分配利润： 3.02元	总股本： 1.24亿股
市净率： 5.04	净利润： 0.12亿元 同比增长79.15%	每股经营现金流： -0.95元	总市值： 64.20亿元
每股净资产： 10.19元	毛利率： 26.24%	净资产收益率： 1.21%	流通A股： 0.31亿股
最新解禁： 2022-04-07	解禁股份类型： 首发原股东限售股份	解禁数量： 1293.30万股	占总股本比例： 10.43%

图 2-46　某股个股资料

此类股票很多，净利润增长率大于等于收入增长率这一特征成为一个重要的选股原则。如果细分还包括：息税前利润增长率大于等于收入增长率，净利润增长率大于等于息税前利润增长率。

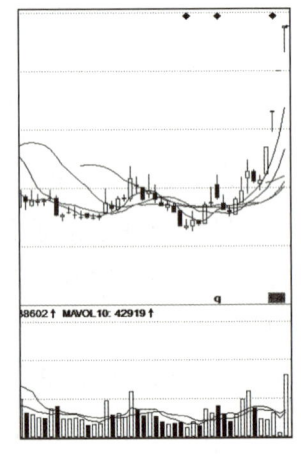

图 2-47　某股日 K 线

课堂总结

1. 了解净利润和息税前利润增长的逻辑关系。
2. 了解净利润对息税前利润增长弹性的经济含义。
3. 了解息税前利润与净利润增长分析的指标和分析方法。

第 57 课　净利润增长与股利增长的对比分析

一、净利润与股利的逻辑关系

净利润分配如图 2-48 所示。

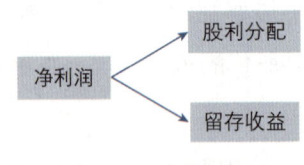

净利润 → 股利分配
净利润 → 留存收益

图 2-48　净利润分配

公司实现净利润后，通过股利分配实现股东的投资收益。问题的关键是，公司股利分配的比例,也就是在可分配利润中,分配多少和留存多少,即股利支付率和留存收益率。这涉及公司采取的股利政策,分配股利可以满足股东投资的当期收益需求,留存收益用于再投资,实现公司经济增长,可以满足股东投资的长期收益增长需求。所以,公司的股利政策涉及公司和股东的当期利益和长远利益的协调。如果股利支付率较低或者不分配股利,则可能导致股票价格下跌。

思考问题:为什么都是高比例的利润留存,包括高比例送转股,但不同公司股票价格的市场表现完全不同,有的股价上涨,而有的股价下跌?最基本,也是最重要的是,要从公司未来实体经济的不同增长预期找原因。

二、净利润增长与股利增长分析的指标计算

(一) 每股收益增长率

$$每股收益增长率=\frac{每股收益增加额}{上年每股收益} \tag{2-109}$$

其中

$$每股收益增加额=本年每股收益-上年每股收益 \tag{2-110}$$

(二) 股利增长率

股利增长率反映股利增长速度,尤其是现金股利。其计算公式如下:

$$股利增长率=\frac{股利增加额}{上年股利} \tag{2-111}$$

$$每股股利增长率=\frac{每股股利增加额}{上年每股股利} \tag{2-112}$$

其中

$$股利增加额=本年股利-上年股利 \tag{2-113}$$

$$每股股利增加额=本年每股股利-上年每股股利 \tag{2-114}$$

案例 2-30 2020 年贵州茅台、五粮液和四川长虹股利增长相关数据如表 2-40 所示。

表 2-40 2020 年贵州茅台、五粮液和四川长虹股利增长相关数据

指标	贵州茅台			五粮液			四川长虹		
	上年值	本年值	增加值	上年值	本年值	增加值	上年值	本年值	增加值
净利润/亿元	439.70	495.23	55.53	182.28	209.13	26.85	3.34	2.31	-1.03
每股收益/元	35.00	39.43	4.43	4.69	5.39	0.7	0.07	0.05	-0.02
股利方案	10:170.25	10:192.93	—	10:22	10:25.8	—	10:0.1	10:0.1	—
现金股利	10:170.25	10:192.93	—	10:22	10:25.8	—	10:0.1	10:0.1	—
股票股利	0	0	—	0	0	—	0	0	—

续表

指标	贵州茅台			五粮液			四川长虹		
	上年值	本年值	增加值	上年值	本年值	增加值	上年值	本年值	增加值
每股股利/元	17.025	19.293	2.268	2.2	2.58	0.38	0.01	0.01	0
净利润增长率/%	—	—	12.63	—	—	14.73	—	—	-30.84
股利增长率/%	—	—	13.32	—	—	1.73	—	—	0

分析如下。

（1）贵州茅台和五粮液的对比分析

净利润增长和股利增长情况。①贵州茅台和五粮液都是派发的现金股利，没有股票股利，说明两家公司目前都已停止股本扩张。②两家公司净利润都有10%以上的增长率，但股利增长相差太大。贵州茅台股利增长率为13.31%，略大于净利润增长率（12.63%），说明贵州茅台考虑股东当期利益；而五粮液的净利润增长率为14.73%，但股利增长率仅为1.73%，净利润增长率是股利增长率的8.5倍，这必然会影响公司股价的市场表现。股利分配的有效性是说股利增长率要大于等于净利润增长率，这样才能使股东享受公司经济增长的红利，因此，五粮液在股利分配有效性方面有待改进。

（2）四川长虹的分析

四川长虹净利润增长率为-30.84%，即大幅下降，但收入是增长的，这说明四川长虹增长的收入是无效的；股利分配额度不变，但每股股利只有0.01元，可以忽略。总体说明，四川长虹收入增长，而净利润大幅下降，说明公司问题很大，尤其是公司管理存在严重问题。这是四川长虹股价持续走低的原因之一。

（3）总体分析

净利润增长与股利增长的对比性分析对于股票投资意义重大。正常情况下，在公司收入和净利润增长的前提下，股利分配将成为影响股价市场表现的重要因素。一般来说，股利分配对于投资者来说具有较大的吸引力。如果净利润增长，而股利分配较少甚至是不分配，那么股价往往会下跌；相反，股价会上涨。

案例 2-31

某股票2021年7月最新相关数据如图2-49所示，该时期内股价如图2-50所示，则该股票后续走势将会如何？

市盈率(动态)：33.47	每股收益：0.11元 （分红转增后） +	每股资本公积金：1.74元 +	分类：中盘股
市盈率(静态)：29.02	营业总收入：12.65亿元 同比增长55.57% +	每股未分配利润：2.03元 （分红转增后） +	总股本：10.57亿股
市净率：3.26	净利润：1.19亿元 同比增长69.22% +	每股经营现金流：0.11元 （分红转增后） +	总市值：159.63亿元
每股净资产：4.64元 +	毛利率：26.74% +	净资产收益率：2.49% +	流通A股：9.98亿股
最新解禁：2021-07-22	解禁股份类型：定向增发机构配售股份	解禁数量：1559.04万股 +	占总股本比例：1.47% +
更新日期：2021-07-02	总质押股份数量：1.02亿股 +	质押股份占A股总股本比例：9.68% +	

图2-49 该股个股资料

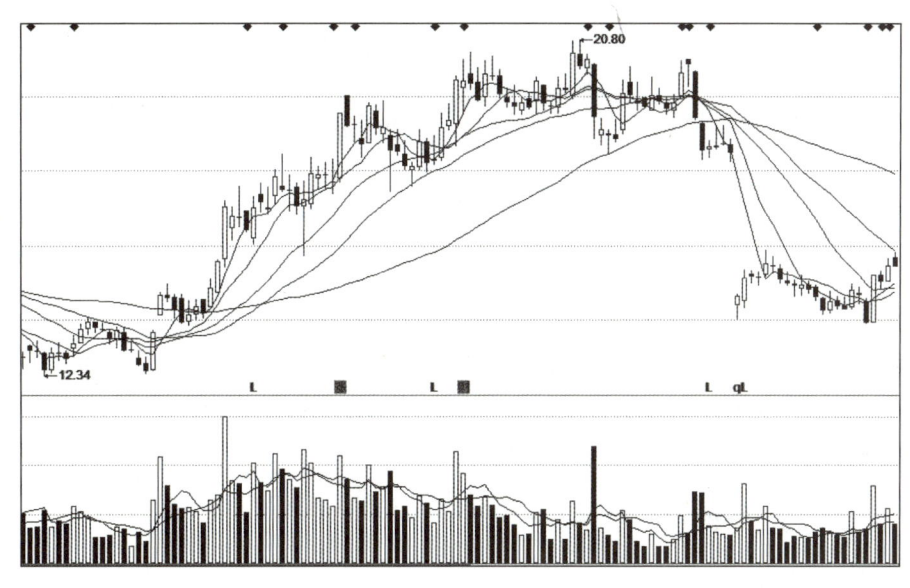

图 2-50　该股日 K 趋势

该股票收入同比增长了 55.57%，而净利润同比增长了 69.22%，股利分配除了现金股利还有股票股利，股利分配除权后可能走出填权行情。因此，股利增长大于等于净利润增长率，也是选股的重要原则之一。

> **课堂总结**
>
> 1. 了解净利润增长与股利增长体现的经济含义。
> 2. 了解净利润增长与股利增长的相关指标及计算。
> 3. 了解净利润增长与股利增长的分析方法。

第 58 课　资本积累增长率分析

一、资本积累增长率的经济含义

企业资本积累反映净资产的增长情况。如图 2-51 所示，企业净资产（或者叫"所有者权益"或者"股权"）的增长有两个途径：资本溢价和利润积累。

溢价发行股份是资本扩张；利润积累是通过每年的利润留存实现资本积累。

狭义的资本积累增长是指利润积累实现的资本增长，广义的资本积累增长是包括资本溢价和利润积累两种途径实现的资本增长。

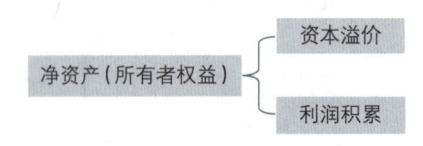

```
                    ┌── 资本溢价
净资产（所有者权益）──┤
                    └── 利润积累
```

图 2-51　净资产增长途径

资本溢价导致的净资产增长不经常发生，所以，通常是直接以全部净资产的增长变化对资本积累增长进行分析。资本积累率，是指投资者投入的资本通过利润积累实现的增值程度，反映投入资本的保值增值程度，是评价企业发展能力的重要指标，可以体现企业所有者权益的变动水平以及企业的指标累计情况，是企业扩大再生产的源泉，体现企业的发展水平。

二、资本积累增长的分析指标

资本积累增长额和资本积累增长率体现的是资本积累增长速度。其计算公式如下：

$$资本积累增长率 = \frac{本年净资产增长额}{年初净资产} \times 100\% \tag{2-115}$$

$$本年净资产增长额 = 年末净资产 - 年初净资产 \tag{2-116}$$

这里讨论的资本积累增长率指的是资本本身通过利润积累实现的资本增长，与此相联系的一个重要指标是内部增长率，是通过利润留存实现的经济增长。

这两个指标都很重要，都是通过利润积累实现增长，只是实现的增长内容不同：内部增长率是通过利润积累实现的公司经济增长，是公司价值或者股票价值决定的重要因素；而资本积累增长率是通过利润积累实现的资本本身增长。

案例 2-32　2020 年贵州茅台、五粮液和四川长虹资本积累相关数据如表 2-41 所示。

表 2-41　2020 年贵州茅台、五粮液和四川长虹资本积累相关数据

指标	贵州茅台			五粮液			四川长虹		
	年初值	年末值	增加值	年初值	年末值	增加值	年初值	年末值	增加值
净资产/亿元	1418.76	1677.21	258.45	760.96	877.58	116.62	211.36	211.96	0.6
股本/亿股	12.56	12.56	0	38.82	38.82	0	46.16	46.16	0
资本公积/亿元	13.75	13.75	0	26.83	26.83	0	36.76	36.57	-0.19
盈余公积/亿元	165.96	201.75	35.79	160.92	196.99	36.07	1.06	1.96	0.9
未分配利润/亿元	1158.92	1375.94	217.02	516.34	594.43	78.09	46.09	45.18	-0.91
一般风险准备金/亿元	8.98	9.28							
少数股东权益/亿元	58.66	63.98		18.05	20.52		81.16	81.85	

续表

指标	贵州茅台			五粮液			四川长虹		
	年初值	年末值	增加值	年初值	年末值	增加值	年初值	年末值	增加值
资本积累增长率/%			18.22			15.33			0.28
总资产增长率/%			16.58			7.05			6.22
营业收入增长率/%			11.10			14.37			6.37
净利润增长率/%			12.63			14.73			-30.84

分析如下。

（1）贵州茅台和五粮液的对比分析

①资本积累增长率：两家公司都保持着较高增长率，贵州茅台的资本积累增长率为18.22%，五粮液的资本增长率为15.33%，说明两家公司的资本保值增值良好。

②资本积累增长率都高于总资产增长率、营业收入增长率和净利润增长率。贵州茅台资本积累增长率为18.22%，大于总资产增长率的16.58%，同时大于营业收入增长率的11.10%和净利润增长率的12.63%，说明公司留存收益比例偏大。五粮液公司也是如此，资本积累增长率为15.33%，大于总资产增长率的7.05%、营业收入增长率的14.37%和净利润增长率的14.73%，说明两家公司注重资本积累的增长，尤其是贵州茅台。这是股票价格获得良好市场表现的价值基础。

（2）四川长虹分析

四川长虹资本积累增长率为0.28%，总资产增长率为6.22%，营业收入增长率为6.37%，而净利润增长率为-30.84%，几个相关指标的对比，总资产和营业收入的扩张同步，但由于成本费用过大，净利润不增反降，而且是大幅下降，绝对金额也较小，使得资本积累增长率为0.28%，略有增长。这些数据充分体现了四川长虹资产扩张的无效性。

课堂总结

1. 了解资本积累及资本积累增长率的经济含义。
2. 了解资本积累增长率指标的计算。
3. 了解资本积累增长率的分析方法。

第59课 可持续增长分析

一、可持续增长的经济含义

在激烈的市场竞争中,企业能否保持长远的发展并不断增加企业价值,对于公司、股东、债权人等利益相关者来说都是至关重要的。保持企业价值的增长是一件十分困难的事情。要想保持企业的可持续增长,就必须在经营和财务等方面做好战略规划与决策。可持续增长能力分析,实质是企业长期经营和财务发展的战略分析,分析解释如下(见图2-52)。

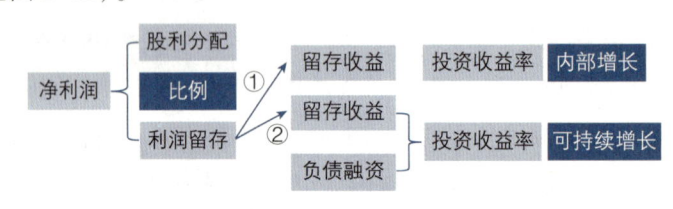

图2-52 净利润分配

内部增长率,是指保持现有的经营效率,也就是保持投资收益率不变,不对外融资,仅依靠利润留存投资实现的经济增长。不对外融资包括不增发股份和不对外举债两部分。

可持续增长率,是指不增发股份并保持目前的经营效率和财务政策条件下实现的增长率。准确地说,可持续增长率是指保持投资收益率和负债率不变,依靠内部留存收益和按照原有的负债率对外举债实现的经济增长。

二、指标计算

可持续增长可通过内部增长率和可持续增长率来反映。内部增长率计算公式如下:

$$内部增长率 = 留存收益比率 \times 留存收益投资收益率 \times 100\% \quad (2-117)$$

或者

$$内部增长率 = \frac{ROA \times b}{1 - ROA \times b} \times 100\% \quad (2-118)$$

$$可持续增长率 = \frac{ROE \times b}{1 - ROE \times b} \times 100\% \quad (2-119)$$

其中,ROA 为资产收益率,ROE 为权益收益率,b 为再投资率、利润留存比例。

式（2-119）中的 ROA 是按照期初总资产计算的；式（2-120）中的 ROA 是按照期末总资产计算的；式（2-121）中的 ROE 是按照期末总权益计算的。

案例 2-33 2020 年贵州茅台、五粮液和四川长虹内部增长率相关数据见表 2-42。

表 2-42 2020 年贵州茅台、五粮液和四川长虹内部增长率相关数据

指标	贵州茅台	五粮液	四川长虹
总资产/亿元	2133.96	1138.93	785.88
总权益（净资产）/亿元	1677.21	877.58	211.96
净利润/亿元	495.23	209.13	2.31
每股收益/元	39.43	5.39	0.05
每股股利/元	19.29	2.58	0.01
股利支付率/%	48.82	47.87	20
利润留存比例/%	51.18	52.13	80
资产收益率/%	23.21	18.36	0.29
权益收益率/%	29.53	23.83	1.09
内部增长率/%	13.48	10.58	30.21
可持续增长率/%	15.11	14.18	681.25

分析如下。

（1）贵州茅台和五粮液的对比分析

贵州茅台的内部增长率为 13.48%，可持续增长率为 15.11%；五粮液的内部增长率为 10.58%，可持续增长率为 14.18%。两家公司的增长率都在 10%～15%，实现较高速度的增长。

（2）四川长虹分析

四川长虹净利润只有 2.31 亿元，每股收益为 0.05 元，每股股利为 0.01 元，利润留存比例达到了 80%，由此计算得出的利润留存比例较大，但由于绝对金额较小，计算得出的增长率指标失效。

课堂总结

1. 了解可持续增长率的经济含义。
2. 了解可持续增长率指标的计算。
3. 了解可持续增长率的分析。

第60课 价值增长及发展能力综合分析

将企业价值增长及发展能力的各方面综合起来分析，可以有效地避免单个指标分析的缺陷，更系统地考察企业的长期发展能力及其影响因素，为投资决策提供更有效的依据。

案例 2-34 2020 年贵州茅台、五粮液和四川长虹企业营运能力分析指标汇集如表 2-43 所示。

表 2-43　2020 年贵州茅台、五粮液和四川长虹企业营运能力分析指标

指标	贵州茅台			五粮液			四川长虹		
	上年值	本年值	增加值	上年值	本年值	增加值	上年值	本年值	增加值
总资产/亿元	1830.42	2133.96	303.54	1063.96	1138.93	74.97	739.89	785.88	45.99
流动资产/亿元	1590.2	1856.5	266.3	966.27	1023.56	57.29	523.36	561.42	38.06
固定资产/亿元	151.44	162.25	10.81	61.09	58.67	-2.42	74.1	80.72	6.62
总负债/亿元	411.66	456.75	45.09	303.01	261.35	-41.66	528.54	573.92	45.38
流动负债/亿元	410.93	456.74	45.81	300.35	258.79	-41.56	495.63	542.98	47.35
长期负债/亿元	0.73	0.01	-0.72	2.66	2.56	0.1	32.91	30.94	-1.97
总股权/亿元	1418.76	1677.21	258.45	760.95	877.58	116.63	211.36	211.96	0.6
总股本/亿股	12.56	12.56	0	38.82	38.82	0	46.16	46.16	0
营业收入/亿元	854.29	949.15	94.86	501.18	573.21	72.03	887.93	944.48	56.55
利润总额/亿元	587.83	661.97	74.14	241.06	276.78	35.72	6.65	4.42	-2.23
利息费用/亿元	0	0	0	0	0	0	9.04	5.76	-3.28
息税前利润/亿元	587.83	661.97	74.14	241.06	276.78	35.72	15.69	10.18	-5.51
净利润/亿元	439.7	495.23	55.53	182.28	209.13	26.85	3.34	2.31	-1.03
每股收益/元	35	39.43	4.43	4.69	5.39	0.7	0.07	0.05	-0.02
股利方案	12：50.3	13：12.9		10：22	10：25.8		10：0.1	10：0.1	
现金股利	12：50.3	13：12.9		10：22	10：25.8		10：0.1	10：0.1	
股票股利									
每股股利/元	17.025	19.293	2.268	2.2	2.58	0.38	0.01	0.01	0
总资产增长率/%			16.58			7.05			6.22
营业收入增长率/%			11.10			14.37			6.37
流动资产增长率/%			16.75			5.93			7.27
固定资产增长率/%			7.14			—			8.94
总负债增长率/%			10.95			-13.75			8.59

续表

指标	贵州茅台			五粮液			四川长虹		
	上年值	本年值	增加值	上年值	本年值	增加值	上年值	本年值	增加值
流动负债增长率/%			11.15			−13.84			9.55
长期负债增长率/%			—			—			—
股权增长率/%			18.22			15.33			—
息税前利润增长率/%			12.61			14.81			−35.12
净利润增长率/%			12.63			14.73			−30.84
每股收益增长率/%			13.31			1.73			0
资本积累增长率/%			18.22			15.33			0.28
内部增长率/%			13.48			10.58			30.21
可持续增长率/%			15.11			14.18			681.25
股利支付率/%			48.82			47.87			20
利润留存比例/%			51.18			52.13			80
资产收益率/%			23.21			18.36			0.29
权益收益率/%			29.53			23.83			1.09

综合分析如下。

（1）贵州茅台

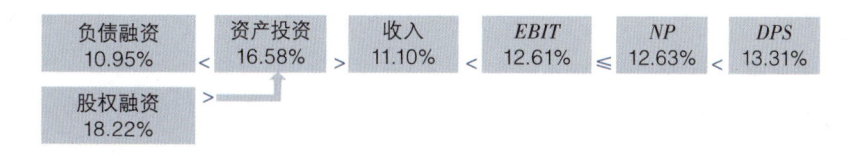

负债融资 10.95% < 资产投资 16.58% > 收入 11.10% < EBIT 12.61% ≤ NP 12.63% < DPS 13.31%

股权融资 18.22% >

图 2-53　2020 年贵州茅台价值增长及发展能力分析

从图 2-53 可见，贵州茅台在融资和投资环节表现突出，融资环节中尤其是股权增长率大于总资产增长率，即过度依赖股权融资。投资环节中总资产增长率大于营业收入增长率，说明有一部分资产投资形成了资产，而没有转化为收入。其他环节基本符合要求。

（2）五粮液

负债融资 13.75% > 资产投资 7.05% < 收入 14.37% < EBIT 14.81% ≥ NP 14.73% > DPS 1.73%

股权融资 15.33% >

图 2-54　2020 年五粮液价值增长及发展能力分析

五粮液在营业收入、息税前利润和净利润环节的增长大体一致，稍微欠缺一点的是每股收益增长率；问题比较大的是投资环节，资产投资增长率只有融资增长率的一半左右（见图 2-54）。

（3）四川长虹

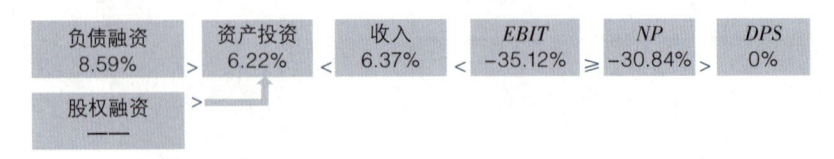

负债融资 8.59% > 资产投资 6.22% < 收入 6.37% < EBIT −35.12% ≥ NP −30.84% > DPS 0%

股权融资 —— >

图 2-55　2020 年四川长虹价值增长及发展能力分析

四川长虹在融资、投资及转化为收入环节尚可，只是负债融资偏多，但在成本费用管理方面问题较大，营业收入增长率为 6.37%，而息税前利润下降 35.12%，净利润下降 30.84%，说明公司在经营决策和财务决策等管理决策方面问题很大（见图 2-55）。

总体来说，价值增长及发展能力分析对于证券投资意义重大，但这里只是进行了单期的增长分析，分析期间较短。要寻找价值增长及发展规律，需要在较长时期进行分析。

课堂总结

1. 了解综合分析的作用。
2. 了解综合分析的方法。

第八节　微观经济的综合分析

第61课　微观经济综合分析的意义和方法

一、综合分析的意义

前面我们分别分析了企业的偿债能力、营运能力、盈利能力、价值创造及发展能力等。但企业发展的各个方面并非孤立的，而是相互联系和相互制约的，比如，企业的营运能力通常反映企业的资产周转情况，体现了企业的管理水平。一般来说，资产周转速度越快，效率越高，盈利能力越强，而企业的盈利能力又直接影响到偿债能力，同样也影响到企业价值创造能力和发展能力等。因此，我们在对企业进行分析时，不能局限在某些方面，而是要将各个方面综合起来，整体地认识企业，才能得出较全面、较正确的结论。综合分析就是将企业视为一个整体，运用综合分析方法对企业的各个方面进行系统、全面的分析，从而对企业的财务状况以及经营成果等做出整体的评价和判断。综合分析的意义如下：

（1）综合分析有利于把握财务指标体系之间的相互关系；

（2）综合分析有利于正确评价企业的财务状况和经营成果；

（3）综合分析有利于发现企业的根本问题所在，把握未来的方向。

二、综合分析方法

微观经济综合分析主要采用以下方法（见图2-56）。

```
                    ┌── 模型分析法
微观经济综合    ├── 趋势分析法
分析方法        ├── 结构分析法
                    └── 综合评分法
```

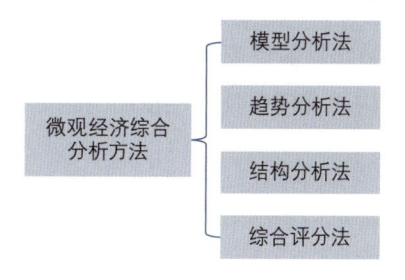

图2-56　微观经济综合分析方法

（一）模型分析法

模型分析法，就是将一些财务指标构建成一个模型，进行综合分析的方法。比如杜邦模型，在前面的盈利能力分析中已经简单介绍过：

股东权益收益率（净资产收益率）= $\dfrac{净利润}{股东权益}$ = $\dfrac{净利润}{总资产}$ × $\dfrac{总资产}{股东权益}$ = 总资产收益率×权益乘数 = $\dfrac{利润}{主营业务收入}$ × $\dfrac{主营业务收入}{总资产}$ ×权益乘数 = 主营业务净利率×总资产周转率×权益乘数

杜邦模型分解见图 2-57。

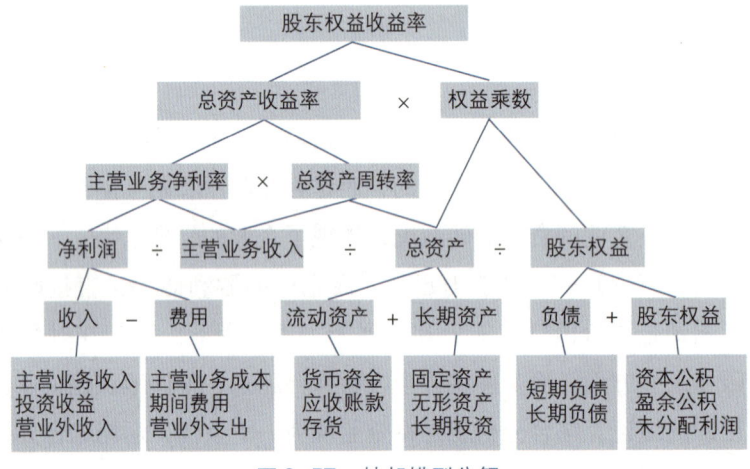

图 2-57 杜邦模型分解

（二）趋势分析法

趋势分析法，是利用财务指标等的时间序列数据，或者利用面板数据进行的分析，揭示其增长变化的规律及趋势，并从这些变化的规律及趋势中寻找可能存在的问题，以及根据变动规律预期未来的发展变化。

趋势分析，分析期越长，揭示的变动规律越准确。

（三）结构分析法

结构分析，是运用财务数据计算各财务指标的结构，并根据一定的结构标准进行对比分析，揭示企业财务结构的合理性及其存在的问题。

（四）综合评分法

综合评分法，是通过对选定的多项财务比率进行评分，然后计算综合得分，并据此评价企业综合财务状况的方法。

课堂总结

1. 了解综合分析的意义。
2. 了解综合分析的方法。

第62课 微观经济增长的趋势分析

一、微观经济增长趋势分析的经济含义

微观经济增长的趋势分析,主要是依据统计学的发展速度和增长速度等指标,分析其发展变化的规律。发展速度和增长速度都是人们在日常社会经济工作中经常用来表示某一时期内某动态指标发展变化状况的动态相对数。既然两个都是"速度",就说明两者有着密不可分的联系。它们都把对比的两个时期的发展水平抽象成为一个比例数,来表示某一事物在这段对比时期内发展变化的方向和程度,分析研究事物发展变化的规律。但两者又有明显的区别。

二、指标计算

$$发展速度 = \frac{某指标报告期数值}{该指标基期数值} \quad (2-120)$$

$$增长速度 = \frac{某指标报告期数值 - 基期数值}{基期数值} \quad (2-121)$$

$$增长速度 = 发展速度 - 1 \quad (2-122)$$

指标计算说明:

(1)定基发展速度:统一用某个时间段的指标做基数,以各时间段的指标与之相比。定基发展速度 $= \frac{a_n}{a_0}$。

(2)环比发展速度:以前一个时间段的指标做基数,以相邻的后一时间段的指标与之相比。环比定基发展速度 $= \frac{a_n}{a_{n-1}}$。

(3)平均速度:包括平均发展速度和平均增长速度,有算数平均数和几何平均数。

微观经济增长趋势指标计算见表2-44。

表2-44 微观经济增长趋势指标计算

指标	0期	1期	2期	3期	…	n期
指标数值	a_0	a_1	a_2	a_3		a_n
定基发展速度		$\frac{a_1}{a_0}$	$\frac{a_2}{a_0}$	$\frac{a_3}{a_0}$		$\frac{a_n}{a_0}$

续表

指标	0期	1期	2期	3期	…	n期
环比发展速度		$\dfrac{a_1}{a_0}$	$\dfrac{a_2}{a_1}$	$\dfrac{a_3}{a_2}$		$\dfrac{a_n}{a_{n-1}}$
几何平均数						$\sqrt[n]{\dfrac{a_n}{a_0}}$

案例 2-35 2001—2020 年贵州茅台微观经济增长趋势相关数据如表 2-45 所示。

表 2-45 2001—2020 年贵州茅台微观经济增长趋势相关数据（一）

指标	2001年	2002年	2006年	2007年	2008年	2012年	2015年	2019年	2020年
流动资产合计/亿元	28.7	29.91	67.51	72.72	122.41	362.25	650.05	1590.24	1856.52
固定资产净额/亿元	4.14	4.70	12.22	18.27	21.90	68.07	114.16	151.44	162.25
无形资产/亿元	0.01	0.00	0.66	2.49	4.45	8.63	35.82	47.28	48.17
非流动资产合计/亿元	5.93	9.40	26.38	32.10	35.13	87.73	212.97	240.18	277.44
资产合计/亿元	34.63	39.31	93.89	104.81	157.54	449.98	863.01	1830.42	2133.96
流动负债合计/亿元	9.26	10.56	33.94	21.13	42.51	95.26	200.52	410.93	456.74
非流动负债合计/亿元	0.00	0.00	0.00	0.00	0.00	0.18	0.16	0.73	0.01
负债合计/亿元	9.26	10.56	33.94	21.13	42.51	95.44	200.67	411.66	456.75
实收资本/亿元	2.50	2.75	9.44	9.44	9.44	10.38	12.56	12.56	12.56
所有者权益合计/亿元	25.38	28.75	59.95	83.69	115.03	354.54	662.34	1418.76	1677.21
营业收入/亿元	16.18	18.35	48.96	72.37	82.42	264.55	326.60	854.29	949.15
利息支出/亿元	0.00	0.00	0.00	0.00	0.00	0.74	0.00	0.00	0.00
营业利润/亿元	6.10	6.49	24.87	45.25	53.90	188.31	221.59	590.41	666.35
利润总额/亿元	6.07	6.49	24.88	45.22	53.85	187.00	220.02	587.83	661.97
净利润/亿元	3.42	3.93	15.74	29.66	40.01	140.08	164.55	439.70	495.23
经营活动现金净流量/亿元	-0.27	3.13	0.49	-0.27	25.75	0.78	-0.27	452.11	516.69
总资产增长率/%		13.50		11.64	50.31				16.58
净资产增长率/%		13.31		39.60	37.46				18.22
收入增长率/%		13.40		47.82	13.88				11.10
净利润增长率/%		14.67		88.40	34.88				12.63

分析如下。

（1）总资产的增长趋势分析

贵州茅台总资产从 2001 年的 34.63 亿元，到 2020 年的 2133.96 亿元，经过 20 年增长了近 61 倍，属于资产扩张型。

(2) 资源配置分析

同期,贵州茅台负债从 9.26 亿元增长到 456.75 亿元,20 年增长 48 倍多;股权从 25.38 亿元增长到 1677.21 亿元,20 年增长了 65 倍多,而且股权的绝对金额较大。所以,贵州茅台属于股权扩张型,或者是公司主要通过股权融资实现资产的扩张。

(3) 收入增长分析

贵州茅台营业收入从 2001 年的 16.18 亿元增长到 2020 年的 949.15 亿元,20 年增长了近 58 倍,略小于资产的扩张。

(4) 净利润增长分析

贵州茅台净利润从 2001 年的 3.42 亿元增长到 2020 年的 495.23 亿元,20 年增长了近 144 倍。

(5) 总体分析

贵州茅台主要通过股权融资(主要是利润积累)实施资产扩张,收入增长略小于总资产增长,但净利润增长幅度是总资产增长幅度的 2 倍多,说明贵州茅台的资产扩张有效,按照规模经济理论,公司还可以继续资产扩张。

案例 2-36 1994—2020 年四川长虹微观经济增长趋势相关数据见表 2-46。

表 2-46 1994—2020 年四川长虹微观经济增长趋势相关数据

指标	1994年	1996年	1997年	1998年	2003年	2004年	2005年	2010年	2015年	2019年	2020年
流动资产合计/亿元	25.16	104.61	144.41	163.43	175.37	119.12	123.29	312.80	405.30	523.37	561.42
固定资产净额/亿元	0.00	0.00	0.00	0.00	29.55	28.90	26.90	83.97	58.48	74.11	80.72
无形资产/亿元	0.00	0.10	1.75	1.71	4.42	4.34	4.35	31.23	30.39	43.79	42.88
非流动资产合计/亿元	5.96	10.78	23.43	25.09	38.27	37.37	34.95	132.76	150.85	216.53	224.45
资产合计/亿元	31.12	115.39	167.85	188.52	213.64	156.49	158.24	445.56	556.15	739.89	785.88
流动负债合计/亿元	13.95	65.96	77.94	78.39	80.91	59.75	57.55	236.60	341.96	495.63	542.98
非流动负债合计/亿元	0.10	0.14	0.17	0.48	0.85	0.89	0.22	62.87	36.18	32.90	30.93
负债合计/亿元	14.05	66.10	78.11	78.87	81.75	60.64	57.77	299.47	378.14	528.54	573.91
实收资本/亿元	2.38	8.09	15.30	19.89	21.64	21.64	21.64	28.47	46.16	46.16	46.16
所有者权益合计/亿元	17.07	49.29	89.74	109.65	131.89	95.85	100.47	146.09	178.02	211.36	211.96
营业收入/亿元	42.74	105.88	156.73	116.03	141.33	115.39	150.61	417.12	648.48	887.92	944.48
利息支出/亿元										9.04	5.76
利润总额/亿元	8.32	19.63	30.51	23.29	2.67	−36.72	2.98	6.71	−14.40	6.65	4.41
净利润/亿元	7.07	16.75	26.12	20.04	2.07	−36.86	2.93	4.77	−17.25	3.34	2.35
经营活动现金净流量/亿元	0.00	0.00	0.00	21.86	−7.44	7.60	14.21	−7.39	32.36	15.66	13.87

续表

指标	1994年	1996年	1997年	1998年	2003年	2004年	2005年	2010年	2015年	2019年	2020年
总资产增长率/%			45.46	12.32		−26.75	1.12				6.22
净资产增长率/%			82.05	22.20		−27.33	4.82				0.28
收入增长率/%			48.03	−25.97		−18.36	30.53				6.37
净利润增长率/%			55.95	−23.28		−1880.27	−107.94				−29.64

分析如下。

（1）总资产增长分析

四川长虹总资产从1994年的31.12亿元增长到2020年的785.88亿元，26年增长了24倍多，属于资产扩张型。

（2）资源配置分析

同期，四川长虹负债从14.05亿元增长到573.91亿元，26年增长了近40倍；而股权从17.07亿元增长到211.96亿元，26年增长了11倍多。

（3）收入增长分析

同期，四川长虹营业收入从42.74亿元逐年上升到944.48亿元，26年增长了21倍，小于总资产扩张的速度。

（4）净利润增长分析

四川长虹净利润从1994年的7.07亿元，到2020年的2.35亿元，下降幅度较大。

（5）总体分析

四川长虹总体上采取的是资产扩张战略。融资方面，2004年以前，四川长虹的负债率在40%以下，之后逐年上升到2020年的73%以上。所以，四川长虹2004年以前主要依靠股权融资，2004年以后主要依靠负债融资实现资产的扩张。四川长虹营业收入增长小于总资产的扩张速度，但净利润的变动幅度太大，1994年营业收入42.74亿元，净利润达7.07亿元，利润率达到16.54%；而2020年营业收入944.48亿元，净利润仅有2.35亿元，利润率仅为0.25%。尤其是2004年，四川长虹亏损高达近40亿元，从此四川长虹开始逐年下滑。无论是四川长虹经营战略还是管理水平，四川长虹都存在严重的问题。

课堂总结

1. 了解增长趋势的经济意义。
2. 了解增长趋势分析的指标计算。
3. 了解增长趋势分析的方法。

第63课 微观经济增长的结构分析

一、微观经济增长结构分析的经济含义

经济增长的结构分析,主要是运用统计学的比重分析法,是在统计分组的基础上,计算各组成部分所占比重,进而分析某一总体现象的内部结构特征、总体的性质、总体内部结构随着时间的推移而表现出的变化规律性的统计分析方法。结构分析法的基本表现形式,就是计算结构指标。结构分析主要是一种静态分析,即对一定时间内经济系统中各组成部分变动规律的分析。如果对不同时期内经济结构变动进行分析,则属于动态分析。

二、指标计算

$$结构指标 = \frac{总体中某一部分}{总体总量} \quad (2-123)$$

结构指标就是总体各个部分占总体的比重,因此总体中各个部分的结构指标之和等于1。

案例2-37 2001—2020年贵州茅台微观经济增长趋势相关数据如表2-47所示。

表2-47 2001—2020年贵州茅台微观经济增长趋势相关数据(二) 单位:亿元

指数	2001年	2002年	2006年	2007年	2008年	2012年	2015年	2019年	2020年
货币资金	19.56	17.80	44.63	47.23	80.94	220.62	368.01	1306.30	1542.91
应收票据净额	0.12	0.37	1.86	1.01	1.71	2.04	85.79	14.63	15.33
应收账款净额	0.80	0.88	1.23	0.46	0.35	0.18	0.00	0.00	0.00
存货净额	7.86	10.77	19.75	23.05	31.15	96.66	180.13	252.85	288.69
流动资产合计	28.70	29.91	67.51	72.72	122.41	362.25	650.05	1590.24	1856.52
长期股权投资	0.00	0.04	0.11	0.04	0.04	0.04	0.00	0.00	0.00
固定资产净额	4.14	4.70	12.22	18.27	21.90	68.07	114.16	151.44	162.25
无形资产	0.01	0.00	0.66	2.49	4.45	8.63	35.82	47.28	48.17
非流动资产合计	5.93	9.40	26.38	32.10	35.13	87.73	212.97	240.18	277.44
资产合计	34.63	39.31	93.89	104.81	157.54	449.98	863.01	1830.42	2133.96
短期借款	0.00	0.00	0.00	0.00	0.00	0.00	0.00	0.00	0.00
应付票据	0.00	0.00	0.00	0.00	0.00	0.00	0.00	0.00	0.00
应付账款	0.10	0.24	0.41	0.60	1.21	3.45	8.81	15.13	13.42
预收款项	3.06	4.53	21.36	11.25	29.36	50.91	82.62	137.4	0.00

续表

指数	2001年	2002年	2006年	2007年	2008年	2012年	2015年	2019年	2020年
流动负债合计	9.26	10.56	33.94	21.13	42.51	95.26	200.52	410.93	456.74
长期借款	0.00	0.00	0.00	0.00	0.00	0.00	0.00	0.00	0.00
长期负债	0.00	0.00	0.00	0.00	0.00	0.18	0.16	0.73	0.01
非流动负债合计	0.00	0.00	0.00	0.00	0.00	0.18	0.16	0.73	0.01
负债合计	9.26	10.56	33.94	21.13	42.51	95.44	200.67	411.66	456.75
实收资本	2.50	2.75	9.44	9.44	9.44	10.38	12.56	12.56	12.56
资本公积	20.39	20.14	13.74	13.75	13.75	13.75	13.75	13.75	13.75
盈余公积	1.64	2.75	12.53	8.38	10.01	30.36	62.11	165.96	201.75
未分配利润	0.78	2.88	23.25	50.77	79.25	287.00	548.79	1158.92	1375.94
少数股东权益	0.07	0.23	0.98	1.35	2.59	13.04	23.08	58.66	63.98
所有者权益合计	25.38	28.75	59.95	83.69	115.03	354.54	662.34	1418.76	1677.21
营业收入	16.18	18.35	48.96	72.37	82.42	264.55	326.60	854.29	949.15
营业成本	2.88	3.41	7.91	8.72	8.00	20.44	25.38	74.30	81.54
营业税金	3.18	3.20	5.75	6.04	6.82	25.73	34.49	127.33	138.87
销售费用	2.28	3.08	5.79	5.60	5.32	12.25	14.85	32.79	25.48
管理费用	1.81	2.38	4.93	7.23	9.41	22.04	38.13	61.68	67.9
财务费用	-0.06	-0.17	-0.25	-0.45	-1.03	-4.21	-0.67	0.48	-2.35
利息支出	0.00	0.00	0.00	0.00	0.00	0.00	0.74	0.00	0.00
利润总额	6.07	6.49	24.88	45.22	53.85	187.00	220.02	587.83	661.97
净利润	3.42	3.93	15.74	29.66	40.01	140.08	164.55	439.7	495.23

根据表2-47资料计算得出结果，如表2-48所示。

表2-48　2001—2020年贵州茅台微观经济增长指标结果　　　　　　　　　　（%）

指数	2001年	2002年	2006年	2007年	2008年	2012年	2015年	2019年	2020年
流动资产占比	82.86	76.10	71.90	69.37	77.70	80.50	75.32	86.88	87.00
其中：货币资产	56.49	45.29	47.54	45.06	51.38	49.03	42.64	71.37	72.30
应收账款	2.65	3.18	3.29	1.41	1.30	0.49	9.94	0.80	0.72
存货	22.71	27.39	21.03	21.99	19.77	21.48	20.87	13.81	13.53
固定资产占比	11.96	11.96	13.02	17.43	13.90	15.13	13.23	8.27	7.60
无形资产占比	0.02	0.01	0.70	2.38	2.83	1.92	4.15	2.58	2.26
融资结构指标									
资产负债率	26.73	26.85	36.15	20.16	26.98	21.21	23.25	22.49	21.40
其中：流动负债	26.73	26.85	36.15	20.16	26.98	21.17	23.23	22.45	21.40
长期负债	0.00	0.00	0.00	0.00	0.00	0.04	0.02	0.04	0.00
资产权益率	73.27	73.15	63.85	79.84	73.02	78.79	76.75	77.51	78.60

续表

指数	2001年	2002年	2006年	2007年	2008年	2012年	2015年	2019年	2020年
其中：实收资本	7.22	7.00	10.05	9.00	5.99	2.31	1.46	0.69	0.59
资本公积	58.88	51.24	14.64	13.12	8.73	3.06	1.59	0.75	0.64
盈余公积	4.72	7.00	13.35	8.00	6.35	6.75	7.20	9.07	9.45
未分配利润	2.26	7.33	24.77	48.44	50.30	63.78	63.59	63.31	64.48

分析如下。

（1）资产结构分析

贵州茅台的流动资产占比一直保持较高的比例，至少在70%以上，大部分时间在80%以上，最高达到87%；流动资产中，货币资产比例较高，几乎达到资产的一半，最高达到70%以上，并且绝对金额达到1500亿元以上，存货占比从20%以上随着资产规模的扩大逐步下降到14%左右；固定资产占比在10%左右，而且随着资产规模的扩大有所下降，在7%以上；无形资产占比不大，在2%左右。从以上资产结构可见：一是公司资产以经营性资产投资为主，但经营性资产结构也存在一些问题，如货币资产较多、流动性过剩问题突出、投资不足，存货规模相对于资产规模而言较小；二是固定资产占比较小，生产能力投资不足。

（2）融资结构分析

在贵州茅台的资源配置中，主要是股权融资，占比接近80%；负债率较低，仅为20%多一点。在贵州茅台的股权融资中，主要靠利润留存，占比达到70%以上。因此，贵州茅台扩张能力不足，而且股权资本成本大于债务资本成本，隐含的资本成本较大，虽然利润留存方式的股权融资不支付利息，但期望收益较高。

案例 2-38 1994—2015年四川长虹微观经济增长趋势相关数据见表2-49。

表2-49 1994—2015年四川长虹微观经济增长趋势相关数据　　单位：亿元

指标	1994年	1996年	1997年	1998年	2003年	2004年	2005年	2010年	2015年
货币资金	1.54	3.97	10.48	9.12	11.22	20.65	12.49	102.35	102.54
应收票据	0.00	68.89	70.63	60.66	25.22	6.75	13.77	63.69	63.18
应收账款	0.00	1.62	25.51	12.04	49.85	21.80	30.85	46.24	80.33
存货净额	10.83	27.16	35.55	77.06	70.06	60.13	47.67	88.52	117.46
流动资产合计	25.16	104.61	144.41	163.43	175.37	119.12	123.29	312.80	405.30
长期股权投资	0.00	0.00	0.00	1.92	0.39	1.58	1.44	5.82	11.14
固定资产净额	0.00	0.00	0.00	0.00	29.55	28.90	26.90	83.97	58.48
无形资产净额	0.00	0.10	1.75	1.71	4.42	4.34	4.35	31.23	30.39
开发支出	0.00	0.00	0.00	0.00	0.00	0.00	0.00	2.77	2.15

续表

指标	1994年	1996年	1997年	1998年	2003年	2004年	2005年	2010年	2015年
非流动资产合计	5.96	10.78	23.43	25.09	38.27	37.37	34.95	132.76	150.85
资产总计	31.12	115.39	167.85	188.52	213.64	156.49	158.24	445.56	556.15
短期借款	9.37	23.31	24.78	11.53	27.06	26.70	13.05	89.25	97.60
应付票据	0.00	24.63	25.46	50.32	28.54	14.85	18.32	44.00	69.17
应付账款	1.74	10.98	10.05	11.58	21.62	16.44	19.73	65.21	81.33
预收款项	0.00	2.17	1.59	2.74	7.35	6.83	7.36	21.13	13.70
流动负债合计	13.95	65.96	77.94	78.39	80.91	59.75	57.55	236.60	341.96
长期借款	0.10	0.14	0.17	0.36	0.70	0.70	0.00	29.29	8.27
非流动负债合计	0.10	0.14	0.17	0.48	0.85	0.89	0.22	62.87	36.18
负债合计	14.05	66.10	78.11	78.87	81.75	60.64	57.77	299.47	378.14
实收资本（或股本）	2.38	8.09	15.30	19.89	21.64	21.64	21.64	28.47	46.16
资本公积	1.01	4.68	25.52	25.39	40.81	40.86	41.36	26.33	39.08
盈余公积	6.56	31.45	43.98	47.99	49.04	49.04	49.04	33.57	21.85
未分配利润	7.12	5.08	4.94	16.38	19.83	-16.98	-14.13	10.48	13.77
少数股东权益	0.00	0.00	0.00	0.00	0.57	1.30	2.56	47.35	56.95
所有者权益合计	17.07	49.29	89.74	109.65	131.89	95.85	100.47	146.09	178.02
营业收入	42.74	105.88	156.73	116.03	141.33	115.39	150.61	417.12	648.48
营业成本	0.00	77.53	115.75	83.98	120.83	98.87	126.19	349.06	562.53
营业税金及附加	0.00	0.33	0.37	0.43	0.07	0.18	0.33	1.97	4.36
销售费用	0.00	3.58	5.17	7.75	13.86	11.11	16.66	43.24	50.11
管理费用	0.00	3.28	1.97	2.10	4.60	40.21	3.40	16.19	28.46
财务费用	0.00	1.86	2.89	0.21	0.71	0.22	1.13	1.32	10.39
利息支出	0.00	0.00	0.00	0.00	0.00	0.00	0.00	0.00	0.00
投资收益	0.01	0.01	0.12	0.41	0.33	-1.70	-0.53	4.33	1.36
利润总额	8.32	19.63	30.51	23.29	2.67	-36.72	2.98	6.71	-14.40
净利润	7.07	16.75	26.12	20.04	2.07	-36.86	2.93	4.77	-17.25

根据表2-49资料计算得出结果如表2-50所示。

表2-50　1994—2015年四川长虹微观经济增长指标结果　　　　　　　　　　（%）

指标	1994年	1996年	1997年	1998年	2003年	2004年	2005年	2010年	2015年
流动资产占比	80.86	90.65	86.04	86.69	82.09	76.12	77.91	70.20	72.88
其中：货币资产占比	4.95	3.44	6.24	4.84	5.25	13.20	7.89	22.97	18.44
应收账款占比	0.00	61.11	57.28	38.56	35.14	18.24	28.20	24.67	25.80
存货占比	34.81	23.53	21.18	40.87	32.79	38.42	30.12	19.87	21.12
固定资产占比	0.00	0.00	0.00	0.00	13.83	18.47	17.00	18.84	10.52

续表

指标	1994年	1996年	1997年	1998年	2003年	2004年	2005年	2010年	2015年
无形资产占比	0.00	0.09	1.04	0.91	2.07	2.77	2.75	7.01	5.46
资产负债率	45.14	57.28	46.54	41.84	38.27	38.75	36.51	67.21	67.99
其中：流动负债率	44.82	57.16	46.44	41.58	37.87	38.18	36.37	53.10	61.49
长期负债率	0.32	0.12	0.10	0.26	0.40	0.57	0.14	14.11	6.50
资产权益率	54.86	42.72	53.46	58.16	61.73	61.25	63.49	32.79	32.01
其中：实收资本占比	7.64	7.01	9.12	10.55	10.13	13.83	13.68	6.39	8.30
资本公积占比	3.26	4.06	15.20	13.47	19.10	26.11	26.14	5.91	7.03
盈余公积占比	21.07	27.25	26.20	25.46	22.95	31.34	30.99	7.53	3.93
未分配利润占比	22.89	4.40	2.94	8.69	9.28	−10.85	−8.93	2.35	2.48

分析如下。

（1）资产结构分析

四川长虹的流动资产占比较大，经常在80%以上，最高曾达到90%以上，虽然随着资产规模的扩大其占比逐渐下降，但仍在70%以上。其中，应收账款占比较大，一般达到总资产的1/3，有时达到50%以上甚至是60%，说明风险很大。随着资产规模的扩大存货占比下降到总资产的20%左右，略显不足。固定资产占比为总资产的10%~20%，由于没有固定资产原值信息，无法准确地分析生产能力。

（2）融资结构分析

四川长虹的负债率，2004年以前都在40%左右；2004年以后逐年上升，最高达到了68%左右，相应地，资产权益率2005年以前在60%左右，2005年以后逐年下降，到32%左右。以上数据说明，公司资源配置在2004年以前主要靠股权融资，其中主要靠股份扩张，1994—2004年股份扩张了近10倍，2004年以后主要靠负债融资。

（3）总体分析

四川长虹自1994年上市以来，一直采取资产扩张战略，到2020年资产扩张了25倍多；2004年以前主要靠股权融资，之后主要靠负债融资实施资产扩张；营业收入逐年上升，26年间营业收入扩大了22倍多；但以净利润表示的资产投资效益，上市初期利润率较高，2004年出现亏损40亿元，此后虽扭亏为盈，但盈利率逐年持续下降。

课堂总结

1. 了解结构分析的经济意义。
2. 了解结构分析方法。

第64课 微观经济发展的财务综合评分

一、财务综合评分的经济含义

财务综合评分,最早是亚历山大·沃尔在20世纪初出版的《财务报表比率分析》和《信用晴雨表研究》中提出的,以信用能力指数的概念来评价企业的信用水平,所以又叫"沃尔评分法"。沃尔最初选择了7个财务比率进行综合评分(见表2-51)。

表2-51 沃尔评分法指标

财务比率	权重 (1)	标准值 (2)	实际值 (3)	相对值 (4) = (3) ÷ (2)	评分 (5) = (1) × (4)
流动比率	25	2			
净资产/负债	25	1.5			
资产/固定资产	15	2.5			
销售成本/存货	10	9			
销售额/应收账款	10	6			
销售额/固定资产	10	4			
销售额/净资产	5	3			
合计	100				

探讨:①沃尔没有说明为什么选择7个比率,而不是6个或者8个,或者其他财务比率;②权重设定的合理性;③标准值是如何确定的。

二、综合评分步骤

第一步,选择财务比率。

不同的分析主体选择的财务比率可能不同,其选择原则如下。

(1)选择的财务比率要具有全面性,包括偿债能力、盈利能力、营运能力等指标,能够全面反映企业的综合财务状况。

(2)选择的财务比率要具有代表性。

(3)选择的财务比率最好具有变化方向的一致性,即当财务比率增大时,表示财务状况改善;当财务比率减小时,表示财务状况恶化。

第二步,确定各项财务比率的权重。

权重的确定,是沃尔评分法中非常重要的环节,分配的标准是各项指标的重要程度,越重要的比率,分配的权重越高;对重要程度的判断,应当结合企业的经营状况、管理要求、发展趋势以及分析目的等具体情况而定。

第三步，确定各项财务比率的标准值。

通常选择同行业的平均水平作为财务比率的标准值。

第四步，计算各项财务比率的实际值。

第五步，计算各项财务比率的得分。

通过各项财务比率的实际值与标准值比较，得出对各项财务比率状况好坏的判断，再结合各项比率的权重，计算各项财务比率的得分。

第六步，计算综合得分。

三、综合评分法的运用

综合评分法在我国的实践中有着非常广泛的应用。比如，20世纪90年代以来，各部委颁布了一系列综合评价体系。虽然这些综合评价体系中的财务比率不断创新，标准不断变化，计分方法不断修正，但始终没有脱离沃尔评分法的基本思想。

（1）1992年，国家计委、国家统计局等联合下发了工业经济评价考核指标体系，包括6项指标，重点考核评价我国工业经济的运行效益。

（2）1993年，颁布的"两则"和"两制"（"两则"包括《企业财务通则》《企业会计准则》，"两制"是指13个行业的会计制度和10个行业的财务制度）中，规定了8项财务评价指标，分别从偿债能力、盈利能力、营运能力三个方面评价企业财务状况和经营成果。

（3）1995年，财政部发布了企业经济效益评价指标体系，包括10项指标，从投资者、债权人和社会贡献三个方面评价企业。

（4）1997年，国家计委、国家经贸委、国家统计局进一步修改了原来的工业经济评价考核指标，考核标准由6项调整为7项，重点从偿债能力、盈利能力、营运能力和发展能力等方面评价考核工业经济的整体运行状况。

（5）1999年6月，财政部、国家经贸委、人事部、国家计委联合颁布国有资本金效绩评价体系。该体系将企业分为工商企业和金融企业两类，其中，工商企业又分为竞争性和非竞争性两类。不同类型的企业采用不同的评价标准。

相对而言，1999年的国有资本金效绩评价体系，是比较全面、科学的，也是最具代表性的。其中，工商类竞争性企业的效绩评价指标体系，包括定性和定量两大类指标，具体内容见表2-52。

表 2-52 工商类竞争性企业的效绩评价指标体系

评价内容	基本指标	修正指标	评议指标
财务效益状况	净资产收益率 总资产收益率	资本保值增值率 销售利润率 成本费用利润率	领导班子基本素质 产品生产占有能力（服务满意度）
资产营运状况	总资产周转率 流动资产周转率	存货周转率 应收账款周转率 不良资产比率 资产损失比率	基础管理比较水平 在岗员工素质状况 技术设备更新水平（服务硬环境）
偿债能力状况	资产负债率 已获利息倍数	流动比率 速度比率 现金流动负债比率 长期资金适合率 经营亏损挂账比率	行业或区域影响力 企业经营发展策略 长期发展能力预测
发展能力状况	销售增长率 资本积累率	总资产增长率 固定资产成新率 三年利润平均周转率 三年资本平均周转率	

案例 2-39 2020 年四川长虹效绩评价指标相关数据见表 2-53。

表 2-53 2020 年四川长虹效绩评价指标相关数据

财务比率	权重 (1)	标准值 (2)	实际值 (3)	相对值 (4) = (3) ÷ (2)	评分 (5) = (1) × (4)
偿债能力	28				14.20
流动比率	10	2.00	1.03	0.52	5.15
速动比率	9	1.00	0.71	0.71	6.39
利息保障倍数	9	6.00	1.77	0.30	2.66
盈利能力	48				1.71
总资产收益率	15	12.00	0.30	0.03	0.38
净资产收益率	15	15.00	1.09	0.07	1.09
主营业务净利率	18	18.00	0.24	0.01	0.24
营运能力	24				14.28
存货周转率	8	7.00	5.05	0.72	5.77
应收账款周转率	8	8.00	6.86	0.86	6.86
总资产周转率	8	6.00	1.24	0.21	1.65
合计	100				30.18

分析如下。

根据计算结果,四川长虹综合得分 30.18 分,说明其公司发展很差,其中,盈利能力方面最差。

> **课堂总结**

1. 了解综合评分的经济含义。
2. 了解综合评分的评分步骤。

第九节　财务分析的新思维

第65课　传统财务分析方法的局限性

传统财务分析具有一系列缺陷，主要体现在以下几个方面。

一、企业战略目标管理的缺陷

企业战略目标管理是企业持续发展最重要的微观环境，是指企业自身经营所依赖的管理思维和管理制度环境。战略目标管理是最先进的管理理论和管理思维。由于管理思维的缺陷，很多企业的经营管理以及企业的发展等方面缺乏系统的战略目标管理，具体表现为：一是缺乏战略目标规划，或者是不重视战略规划，经营决策的随意性较大，现在企业的经济生命周期缩短，缺乏规划管理是重要原因；二是经营战略执行的随意性，企业即使制定了经营战略或者规划预算，在经理人控制的治理结构下，公司也很难执行既定的经营战略，比如，公司随意改变募股资金的用途，这种情况较多，使战略规划的制定形同虚设，与没有战略目标管理一样。

缺乏战略目标规划管理的微观企业环境，导致财务信息的可用价值缺陷。也就是说，在没有目标规划管理环境下产生的财务信息，只能反映公司的过去，不能预期公司的未来。从理论上讲，公司及其股权的价值决定于公司未来的现金流，这是股权投资的重要决策信息。只反映过去的财务信息，在经营行为存在随意性和非有效的战略目标规划管理条件下，无法有效地预期未来，任何先进的分析方法和分析技术都是无效的。

二、分析依据的缺陷

财务分析的主要依据是企业的财务报表，由于诸多原因，企业的财务报表客观上存在一些缺陷，尤其是财务信息的质量缺陷：主要表现为信息失真和虚假的信息披露。这是一个相对普遍而又很难解决的问题，越来越多的股市丑闻就足以证明。比如，美国史上最大财务造假案：安然事件。2001年10月，安然公司（Enron）的财务造假暴露，美国证监会立即介入调查，安然公司被迫承认了在1997—2001年虚报利润6亿美元，并隐瞒了24亿美元的到期债务等。消息公布后，安然公司的股价暴跌，安然公司被美国证监会罚款5亿美元，股票停止交易，公司宣告破产。2010年2

月,中国四川长虹爆发"财务门"事件,四川长虹前员工实名举报四川长虹公司虚报销售收入50亿元。据不完全统计,2020年,我国共有27家上市公司因财务造假事宜被证监会/证监局行政处罚。

三、分析方法的缺陷

在教科书及分析实务等方面,目前的财务分析使用最多的是统计指标分析方法,包括比较分析法、趋势分析法、结构分析法、比率分析法等。尤其是比率分析法,通过一系列财务指标分析企业的财务状况和财务能力,前面所讲的财务分析正是这种分析逻辑。无论是单纯的指标分析法,还是将这些指标进行横向比较分析其差距,或是进行纵向比较分析其趋势,又或者将这些指标联系起来构建一个指标体系的分解式模型,并以此来分析其影响因素及各因素的影响程度,如杜邦模型就是反映权益收益率影响因素的指标分析模型。由此上述分析方法正是财务分析的全部,但也存在如下缺陷。

(1)指标分析法是一种静态分析方法,静态的指标分析很难说明公司动态的发展。比如,公司现在的盈利指标虽然很高,但很难说明未来的盈利能力,现代企业管理是在动态环境下的目标管理,因而静态的指标分析很难适应现代企业管理的要求。

(2)指标分析法分析的对象是公司过去到现在的财务状况,在缺乏目标管理的环境下,对过去的分析无法预期未来。但股票投资决策的着眼点在于未来,因而指标分析法很难具有较好的决策效应。

(3)指标分析法是就财务而分析财务的一种财务分析方法,很难透过财务回到业务经营层面,很难说明公司的业务经营状况及其发展趋势。证券投资分析的目的是通过财务分析企业的微观经济状况及其发展趋势,因此指标分析法很难达到分析的目的。如果一种财务分析方法不能回答公司经营方面的问题,不能对业务发展进行符合逻辑的预期,那么无论这种方法多么先进,对于经济决策来说都是无效的。

四、财务造假实例

上市公司财务造假现象,国际、国内都较多。据不完全统计,2020年,中国大陆共有27家上市公司因财务造假事宜被证监会/证监局行政处罚,其中,上交所主板9家,深交所中小板14家,创业板4家。比如,香溢融通、科融环境、康得新(退市)、东方金钰(退市)、凯迪生态(退市)等。

案例2-40

康美药业(600518)2015年市价曾达到51.77元/股的高价,目前公司仍处于亏损状态,随着财务造假,股票市价持续下降。其股价走势如图2-58所示。

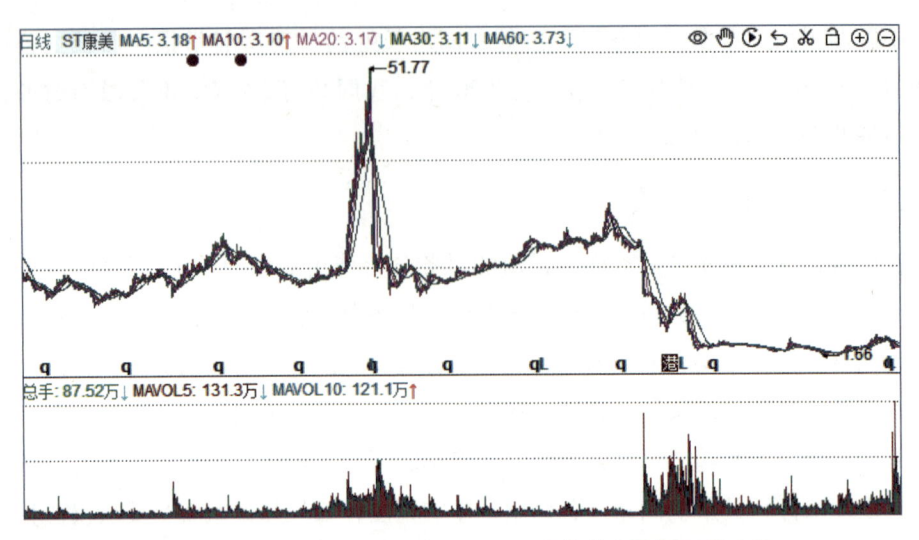

图 2-58 2011 年 5 月至 2022 年 2 月康美药业股价日 K 走势

案例 2-41

奥瑞德（600666）2015 年以前市场表现很好，市价曾达到 55.87 元/股的高价，但之后持续下跌，公司目前仍处于亏损状态。财务造假致使股票价格直线下降。其股价走势见图 2-59。

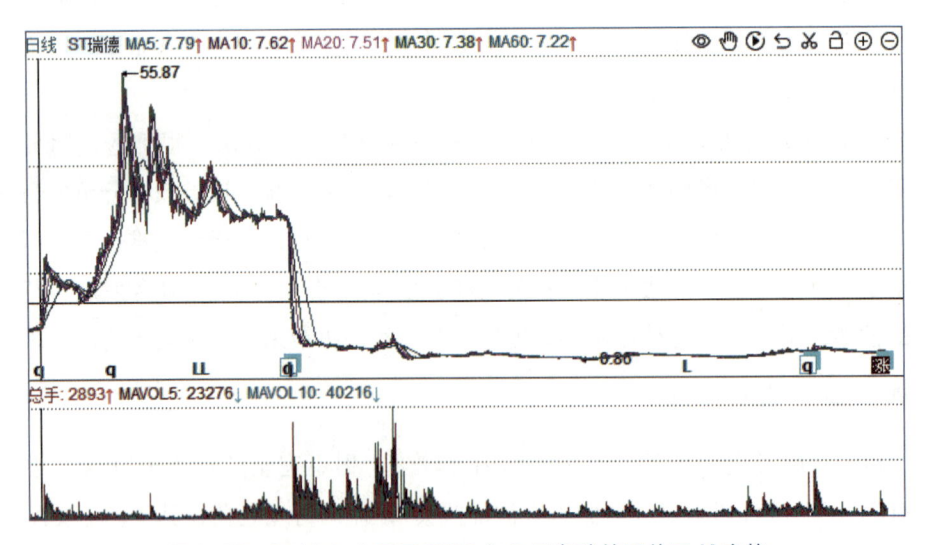

图 2-59 2014 年 4 月至 2022 年 2 月奥瑞德股价日 K 走势

这些财务造假的公司，要么股票退市，要么股票价格的市场表现很差。如果选择这些公司的股票进行投资，将会损失惨重。因此，在股票市场上投资，必须学好证券投资分析，尤其是对上市公司的财务分析，及时发现上市公司财务造假现象，这对于股票投资至关重要。

五、传统财务分析局限性及其影响

传统财务分析的缺陷在信息不对称的市场环境下是很难弥补的，或者说根本不可能弥补，这就致使企业财务分析存在很大的局限性。

（1）学好财务分析，避免这些缺陷对投资决策的影响

针对客观存在而又无法弥补的缺陷，我们能做的是正视这些缺陷及其对投资决策造成的影响，通过精进的分析能力正确识别这些缺陷。传统的财务分析方法虽然存在缺陷，但是最基本的分析方法和分析技术。

（2）寻求更有效的分析方法和思维，降低这些缺陷的影响

> **课堂总结**
>
> 1. 了解财务分析存在哪些缺陷。
> 2. 了解财务分析局限性的影响。

第 66 课　财务分析有效方法的理论基础

通过财务分析揭示企业经营及长期发展中的根本问题，是一个多学科理论综合运用的智力活动，包括经济学、管理学、财务学、金融学以及法学等相关理论的综合运用。通过经济学和管理学分析可知决定企业价值创造并推动企业持续发展的因素，通过财务学和金融学的对比分析可知企业如何创造价值。

一、企业价值创造和发展的决定性因素

（一）经济学理论

1. 微观经济学的生产函数理论

按照微观经济学生产函数理论，生产函数表示在既定的生产技术水平下，生产要素组合（X_i）在每一时期所能生产的最大产量为 Q。也就是说，生产函数是研究在现有技术水平的约束下，每个时期各种投入要素的使用量与利用这些投入要素所能生产某种商品的最大数量之间的关系。在经济学分析中，主要分析投入的四种生产要素。

（1）劳动（L）：包括体力和脑力。

（2）资本（K）：包括货币形态和实物形态。

（3）土地（N）：包括一切自然资源。

（4）企业家才能（E）：企业家组织管理资源与承担风险的能力。

生产函数就是一定技术条件下投入与产出之间的关系，表示为：

$$Q=f(L, K, N, E) \tag{2-124}$$

其中，土地（N）是固定的，企业家才能（E）难以估算，所以通常只使用劳动（L）和资本（K）两种生产要素进行计算，即：

$$Q=f(L, K) \tag{2-125}$$

但在这四种生产要素中，涉及人的要素就有两个：一是劳动，即劳动力；二是企业家才能，即企业管理层，这是很重要的要素。

2. 宏观经济学的经济增长理论

自亚当·斯密以来，整个经济学界围绕着驱动经济增长的因素争论了长达 200 多年，最终形成比较一致的观点。一个相当长的时期里，以下三个要素是刺激一国经济增长的主要要素：①随着时间的推移，生产性资源的积累；②在一国的技术知识既定的情况下，资源存量的使用效率；③技术进步。

在讨论技术进步时，生产函数得到了更广泛、更深入的讨论。如 20 世纪 60 年代流行的新古典经济增长理论，美国数学家 C. W. 柯布和经济学家保罗·道格拉斯提出了柯布—道格拉斯生产函数，他们认为技术进步是经济增长的外生因素；20 世纪 90 年代美国经济学家桑福德·格鲁斯曼和以色列经济学家埃尔赫南·赫普曼提出了新经济学内生增长理论，并建立了格鲁斯曼—赫普曼内生增长模型，他们认为技术进步是经济增长的内生因素。

（1）新古典经济增长理论。20 世纪 60 年代以来最流行的新古典经济增长理论，其建立了以劳动投入量和物质资本投入量为自变量的柯布-道格拉斯生产函数增长模型，并把技术进步等作为外生因素来解释经济增长。

（2）内生增长理论。内生增长理论产生于 20 世纪 90 年代初期形成的"新经济学"，即该理论是西方宏观经济理论的一个分支。该理论认为，长期增长率是由内生因素解释的，其核心思想是经济能够不依赖外力推动实现持续增长，内生的技术进步是保证经济持续增长的决定因素。也就是说，在劳动投入过程中包含着因正规教育、培训、在职学习等形成的人力资本，在物质资本积累过程中包含着因研究与开发、发明、创新等活动形成的技术进步，从而把技术进步等要素内生化，得到因技术进步的存在，要素收益会递增，而长期增长率是正的结论，即人力资本和技术进步会促进经济增长。

3. 启示

既然人力资本和技术进步是经济增长的内生因素，或者说内生的技术进步是保证经济持续增长的决定因素，那么在进行微观经济分析时，也应当高度重视人在经济增长中的决定作用。

（二）现代管理理论

管理学理论经历了从古典理论到现代管理理论的发展。进入20世纪70年代以后，国际环境出现危机和动荡，这时的管理理论以战略管理为主，主要研究内容为企业组织与环境的关系，重点研究企业如何适应充满危机和动荡的环境变化；20世纪80年代，"企业再造"理论逐渐形成，该理论认为企业应以工作流程为中心，重新设计企业的经营、管理及运作方式，进行所谓的"再造工程"。美国企业从20世纪80年代起开始了大规模的企业重组革命，日本企业也于20世纪90年代开始进行所谓的"第二次管理革命"。

现代管理理论有以下四个主要特点：一是长远性，二是全局性，三是战略管理的主体是企业的高层管理人员，四是战略管理涉及企业大量资源的配置问题。

现代管理学理论启示：现代管理理论是所有近代管理理论的综合，是一个知识体系，它的基本目标是要在不断变化的现代社会，建立起一个充满创造活力的自适应系统。因此，现代管理学理论特别重视人的因素，也就是重视人的社会性，研究人的需要，在一定的环境条件下，尽可能满足人的需要，以保证组织中全体成员共同为完成组织目标做出贡献；同时，要特别重视管理层在战略管理中的重要作用，这就决定了企业分析也要特别重视管理层在企业发展中的决定性作用。

二、企业价值创造和发展的途径

资产负债表（见表2-54）集中反映了公司的一切活动，这些活动无外乎两大类：投资和融资。无论是何种类型的公司都是如此。

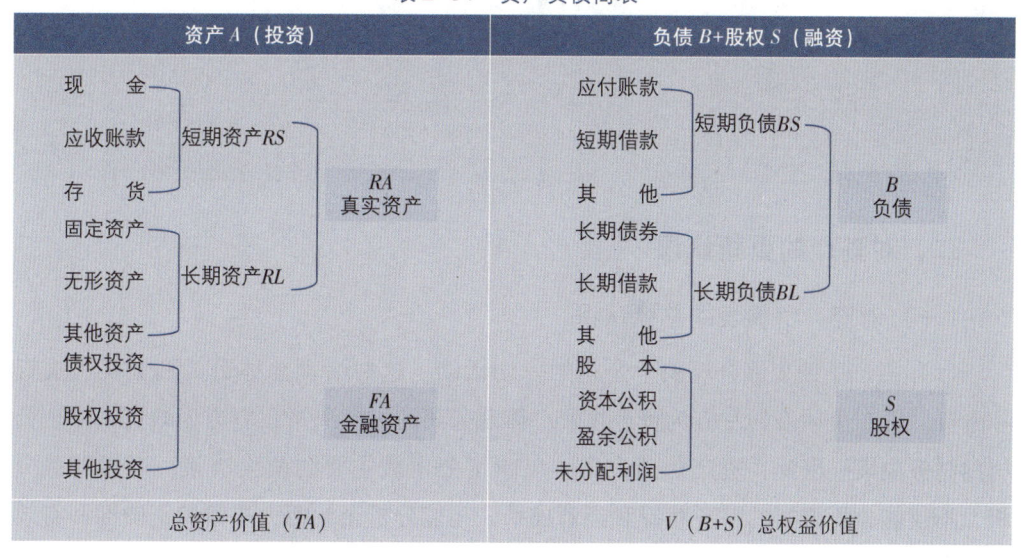

表2-54 资产负债简表

资产 A（投资）			负债 B+股权 S（融资）		
现　金	短期资产RS	RA 真实资产	应付账款	短期负债BS	B 负债
应收账款			短期借款		
存　货			其　他		
固定资产	长期资产RL		长期债券	长期负债BL	
无形资产			长期借款		
其他资产			其　他		
债权投资		FA 金融资产	股　本		S 股权
股权投资			资本公积		
其他投资			盈余公积		
			未分配利润		
总资产价值（TA）			$V(B+S)$ 总权益价值		

> **课堂总结**

1. 了解经济学和管理学对价值增长和企业发展的理论分析。
2. 了解财务学和金融学对价值增长的理论分析。

第 67 课　财务分析新思维对资产的认识

一、资产的不同分类

（一）资产的传统分类

资产的传统分类，主要是按照流动性将其分为流动资产和非流动资产。这也是目前资产负债表的排列方法。这种分类方法的优点主要是便于对报表资料进行分析和应用。

（二）资产的作用分类

不同形态的资产对企业的价值创造和发展的作用和影响不同，基于此，可对资产进行如表 2-55 所示的分类。

表 2-55　资产的作用分类

真实资产 RA	短期资产 RAS	货币资产
		应收账款
		存货
	长期资产 RAL	固定资产
		无形资产
		其他资产
金融资产 FA		债权投资
		股权投资

二、对资产的重新认识

（一）对资产负债表的总体认识

（1）资产负债表综合反映了公司的一切活动，这些活动总体分为两大类：投资和融资。资产负债表的左方为资产投资，体现公司的经营决策；右方为融资，体现公司的财务决策。因此，资产负债表集中反映了公司最主要的两大决策。通过财务分析，不仅能分析公司的财务状况和经营成果，还能分析企业两大决策的正确性和有效性，全面展示企业的综合管理水平。

(2) 按照公司金融学理论，只有资产投资才创造公司价值，尤其是实体经济投资，其是价值创造的源泉；融资虽不创造价值，但要影响公司价值创造。

(3) 投资是公司得以生存和发展的最重要的活动，融资是公司为投资而进行的资源配置，尤其是通过金融市场进行的资源跨期配置。为了有效地配置资源，公司必须搞好投资，实现经济尤其是实体经济长期稳定的持续增长，为公司股东及其债权人等投资者提供良好的经济增长预期。

（二）资产投资分类

企业资产按照存在形态和在价值创造及公司发展中的作用分为两类：真实资产和金融资产。不同资产的投资对公司价值创造和长期发展的作用与影响不同。

(1) 真实资产投资，是最根本也是最重要的资产投资。最主要的真实资产是经营性资产，其可以通过经营活动实现实体经济增长，是价值创造最根本的源泉。

(2) 金融资产投资，包括长期债权投资和长期股权投资。公司进行金融资产投资，尤其是长期股权投资的根本目的是扩张实体经济。

（三）真实资产投资及其作用

1. 真实资产分类

企业真实资产投资主要包括短期真实资产投资和长期真实资产投资。二者共同参与构筑企业的生产经营活动全过程。

2. 短期真实资产投资

短期真实资产投资主要包括货币资金、应收账款和存货等资产的投资，其性质属于经营性投资，是企业的主营业务。

(1) 经营性资产投资是产生现金流的主要来源，企业的稳定主要来自经营活动的稳定，企业的发展及其价值的体现也主要来自经营活动产生现金流的能力。

(2) 存货投资中的产品，体现企业所在的行业和经营方向，对企业的发展意义重大。

3. 长期真实资产投资

长期真实资产投资主要包括固定资产投资和无形资产投资等。

(1) 固定资产投资，属于微观生产力的投资，属于技术革命，对于现代企业来说，是具有战略意义的投资。

(2) 无形资产投资，属于价值型投资，比如，品牌价值的投资产生品牌效应，通过研发性支出的投资形成的专利产品和技术等。无形资产对现代企业的长期持续发展是非常重要的。

4. 真实资产投资的意义

真实资产投资体现企业经营性投资，对企业的发展意义重大。

按照马克思再生产理论,这一过程可分为供、产、销三个阶段,以此构成一个完整的生产过程。对这一过程可以描述为,劳动力运用劳动手段,作用于劳动对象,生产出劳动产品,通过销售实现其价值。

根据马克思再生产理论,企业的资产投资具有以下重要现实意义。

(1) 生产过程中的劳动产品(W')体现了企业的经营方向。企业的发展,在很大程度上取决于能否提供具有市场竞争力的产品或服务,对现代企业来说,这是体现经营方向的战略性问题,也是企业能否成功的关键。

(2) 重视市场分析和研发性科技投资以满足不断变化的消费需求,是企业持续性发展的重要因素。随着科技的发展和人们消费习惯的变化,产品的生命周期越来越短,企业要持续发展就必须高度重视市场分析和研发性科技投资,不断推出新产品满足不断变化的消费需求。

(3) 以固定资产投资体现的劳动手段革新对企业的长期发展至关重要。劳动手段革新不仅是企业长期发展的战略性投资,也是提高产品竞争力的技术保障。

以上三个方面是现代企业最具战略性投资理念的体现,也是衡量现代企业主要领导人(CEO)战略思维的重要考量。

(4) 确保企业经营稳健的关键在于保持生产过程的连续性。任何一个环节的中断都将导致整个经营过程出现问题,企业经营的艺术就在于充分分析可能导致中断的因素和有效控制中断的发生。只有这样才能保证企业经营的持续稳健,也是衡量现代企业经营者(COO)经营能力和经营艺术的关键所在。

(四) 金融资产投资及其作用

对于现代企业来说,金融资产投资,尤其是长期股权投资至关重要,企业之间通过股权投资实施并购重组战略。用一句话来概括股权投资的重要性:收购一家企业比创办一家企业更重要。其重要性体现在以下三个方面:

(1) 股权投资的根本目的在于实现实体经济的扩张;

(2) 股权投资是实现业务转型的有效途径;

(3) 股权投资可以有效地实施企业乃至市场控制战略。

> **课堂总结**
>
> 1. 了解资产投资的不同分类及其作用。
> 2. 了解真实资产投资的类型及其作用。
> 3. 了解金融资产投资的作用。

第68课 财务分析新思维对权益融资的认识

一、公司融资的重要性

(一) 权益融资分类

权益融资分为两类：债权人权益（负债）和所有者权益（股权）。

(二) 公司融资的经济含义

无论是公司的设立还是持续经营，融资都是公司面临的首要问题，涉及公司的生存和发展。从理论上讲，融资是公司进行资源配置的重要方式，公司通过金融市场运用金融工具的交易进行资源的跨期配置，为公司持续的经济增长提供资源保障。因而，融资是实现公司长期经济增长的重要金融决策。

(三) 公司融资的目的

公司融资包括：扩张型融资、偿债型融资和混合型融资。融资本身不是目的，其目的在于投资。

(四) 公司融资要解决的主要问题

公司融资要解决的主要问题包括：融资规模、融资成本、融资方式和资本结构等。

(五) 融资的意义

现代经济的增长在很大程度上依赖资源的配置，通过金融市场发行证券配置资源，不仅能够把融资和投资活动有机地结合起来，提高资源配置的有效性，而且可以缩短资源配置的时间，实现资本集中带来的更快经济增长。因此，融资是实现公司长期经济增长重要的金融决策，其核心在于围绕公司的增长率规划不同融资方式及其资本结构，为公司经济增长提供有效的资源配置。

二、公司融资分类

融资分类见图2-60。

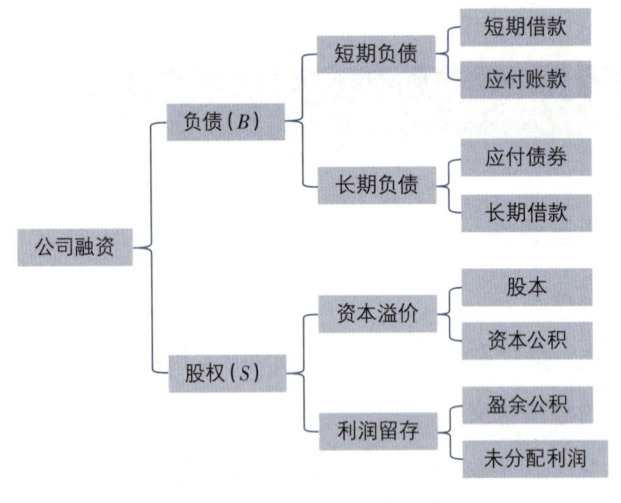

```
                    ┌─── 短期负债 ┬── 短期借款
          ┌── 负债(B)┤           └── 应付账款
          │         │         ┌── 应付债券
          │         └─── 长期负债┤
公司融资 ──┤                    └── 长期借款
          │         ┌─── 资本溢价 ┬── 股本
          └── 股权(S)┤           └── 资本公积
                    │         ┌── 盈余公积
                    └─── 利润留存┤
                              └── 未分配利润
```

图 2-60 融资分类

三、对融资的重新认识

（一）负债融资

1. 负债融资方式

负债融资按期限分为短期负债和长期负债，按方式分为银行信用的借款、商业信用的应付账款、证券信用的债券等。

2. 负债融资的作用

负债融资是公司扩张的重要途径，适度的负债率会增加节税利益，从而增加公司价值，但过度的负债率会加大公司的财务风险，甚至是破产的风险。

（二）对股权融资的认识

股权融资有两种途径：一是溢价发行股份，二是利润留存。溢价发行股份的方式包括增发股份、配股等；溢价发行股份属于股份扩张，而股份扩张会产生稀释效应。利润留存属于资本积累，涉及股利分配问题。

（三）对融资的总体认识

（1）融资的资本结构认识是一个很难解决的理论和现实问题，研究的主题是公司价值最大的资本结构，或者是公司综合融资成本最小的资本结构。现实中，融资结构研究的主题主要是保持一个合理的负债率。

（2）正确认识融资的作用。融资的主要作用在于为公司经济增长提供资源配置，融资本身不创造价值，但会影响价值的创造。

（3）微观经济分析中，融资结构的分析重点在于结合资产投资来考察公司融资，从而保持融资的合理性。

> **课堂总结**
>
> 1. 了解企业融资的内容。
> 2. 了解负债融资和股权融资的内容及重要性。
> 3. 正确认识融资的作用。

第 69 课　财务分析有效方法的主要内容

一、财务分析的功能及有效财务分析方法的特征

（一）功能

财务分析最根本的功能在于为报表使用者的经济决策提供可靠的决策依据，即其决策效应。任何经济决策的着眼点都在于未来，所以财务分析必须对未来做出合理的预期，不能预期未来的财务分析是无效的。

（二）特征

有效的财务分析方法，是指能够合理预期未来并使之具有决策效应功能的方法。有效财务分析方法需要具有以下两个特征：一是能够从财务信息回到业务经营层面，揭示业务发展状况及问题，这叫作结合业务来分析财务，而不是就财务分析财务，因为业务才是公司发展的根本；二是能够相对合理地预期公司未来，揭示公司业务经营发展规律及发展趋势。

二、有效财务分析方法的内容

有效财务分析方法的内容就是各种能够反映公司运营情况和趋势的财务数据。通过有效的财务分析至少能够较准确地回答如下五个问题。

第一个问题是分析公司在一定时期内已经完成和正在完成的事，并以此说明公司业务经营状况。公司的事通常是指公司的业务，主要包括投资和融资等，从进行的事业中能够反映出公司业务经营的性质、规模及业务格局。不同的事对公司长期发展的影响不同，根据公司所做的事情可以观察做事的人的性格特征和偏好，便于更深层次地分析，尤其是透过业务和经营体现的经营理念和战略思维。

第二个问题是从效果上分析公司从事的事业的绩效状况。效果的含义是多方面

的，既包括通过利润、现金流等指标及二者的结合分析具有综合性特征的财务效果，也包括通过市场占有率、业务创新，以及经济增长指标等所体现的非财务效果。

利润与现金流的结合分析，有助于揭示公司财务成果的质量。业务经营是公司能否持续产生现金流的重要基础。因此，不断进行业务创新、扩大市场占有率，以及保持合理的经济增长，就成为公司绩效分析的重要内容。

第三个问题是分析做事的人。因为人是生产力要素中最活跃的因素，现代企业的竞争实际上是人力资源的竞争，不同的人在相同的市场环境中从事相同的事，其结果可能会有很大的差异，因为客观上存在人的能力差异、思维的敏感性差异，及其体现的做事的理念和方法上的差异等，这些差异都将在从事的事业上体现出来。

我们通常所说的企业团队精神、企业凝聚力、企业文化等涉及企业长期发展的战略性因素也主要是通过人的行为得到体现的。

综上所述，决定经济增长最重要的内生因素就是人力资本及技术进步。科学技术是第一生产力，是先进生产力的集中体现和重要标志。科学技术为劳动者所掌握，可以极大地提高劳动生产率，逐渐成为生产发展的决定性因素。因此，有效的财务分析方法更应该透过财务数据看公司做事的人，尤其是企业家的才能及做事的战略理念。这在普遍缺乏战略规划管理的企业环境中尤为重要。

第四个问题是从制度环境上分析做事行为的规范程度。这是现代企业加强管理和持续发展的制度保障，按照制度经济学的理论分析，制度是经济增长的内生变量，完善的制度设计和严格执行是保证现代企业持续发展的重要前提。以罗纳德·哈里·科斯为代表的制度经济学派把制度作为内生变量引入经济分析，把经济学的理性人假设修正为现实人假设，并以此来解释和描述人的本性和经济活动。制度创新可以用来激励和约束人的行为，所以制度是经济增长的内生变量，尤其是公司治理制度，其对现代企业治理具有重要作用。

第五个问题是考察公司当前业务对未来的影响，为经济决策提供信息。预期未来是有效方法最根本的特征，也就是说，只有能够预期未来的方法才是有效的。一般来说，在完善的战略规划管理下，即公司经营的制度创新完善并有效，具有明确的经营目标且管理科学，具有超前的市场意识和经营战略，企业经营及其产生的财务数据等可以预期未来，传统的财务指标分析方法有效。

但在缺乏战略规划管理的企业环境中，企业的经营及其产生的财务数据只能反映过去，不能预期未来，传统的财务指标分析方法无效。在这种情况下，唯有透过财务数据回到业务经营层面，通过分析做事的人及其做事理念才能预期未来。这也是财务分析必须回答的核心问题。

上述五个基本问题能够从五个层面较全面地反映公司业务经营状况及其发展趋势，因此我们称为"五因素分析法"。但在通常情况下，要准确全面地回答上述五个问题是比较困难的，尤其是第四个问题的回答要依赖于对公司制度及管理层系统的考察，公司外部的分析主体将受到难以获得相关信息的制约。在这种情况下，财务分析至少应该较准确地回答其他四个问题，才能达到财务分析的基本目的。

课堂总结

1. 了解财务分析的功能。
2. 了解财务分析有效方法的特征。
3. 了解财务分析有效方法的内容。

第70课 财务新思维分析实例

一、四川长虹基本情况

（1）历史渊源：四川长虹，全称"四川长虹电器股份有限公司"，注册及办公地址为四川省绵阳市涪城区高新区绵兴东路35号。四川长虹是1988年经绵阳市政府批准进行股份制改革试点而设立的股份有限公司；同年，人行绵阳分行批准四川长虹公开发行个人股股票。1994年3月11日，经证监会批准，四川长虹的社会公众股4997.37万股在上交所上市流通，股票代码600839。

（2）主营业务：电视机、冰箱、空调、压缩机、视听产品、电池、手机等产品的生产销售，IT产品的销售，以及房地产开发等生产经营活动。

四川长虹已经实现了从单纯的家电制造商向标准制定商、内容提供商的转变，形成了集数字电视、空调、冰箱、IT、通信、数码、电源、商用系统电子、小家电等产业研发、生产、销售于一体的多元化、综合型跨国企业集团。

（3）产品类型：家电、中间产品、运输、房地产、特种业务。

（4）产品名称：电视、空调、冰箱、IT产品、中间产品、通信产品、机顶盒、电池、系统工程、运输、厨卫产品、房地产、特种业务等。

（5）经营范围：家用电器、汽车电器、电子产品及零配件、通信设备、照明设备、家居产品、计算机及其他电子设备、电子电工机械专用设备、电器机械及器材、电池系列产品、电子医疗产品、电力设备、机械设备、制冷设备及配件、数字监控产品、金属制品、仪器仪表、文化及办公用机械、文教体育用品,以及厨柜及燃气具的制造、销售与维修;房屋及设备租赁;包装产品及技术服务;公路运输,仓储及装卸搬运,集成电路与软件开发及销售、服务,企业管理咨询与服务,高科技项目投资及国家允许的其他投资业务;房地产开发经营,房屋建筑工程施工,废弃电器、电子产品回收及处理;信息技术服务,财务咨询服务,化工原料及产品(不含危险化学品)、建筑材料、有色金属、钢材、塑料、包装材料、机电设备、贵重金属、汽车零配件、电子元器件的销售及相关进出口业务,电信业务代办,广告的设计、制作、发布代理;无人机、无人机系统研究及设计,无人机技术推广、转让及技术咨询服务,无人机生产和销售。(需依法经批准的项目,经相关部门批准后方可开展经营活动)

(6)所属行业:家用电器 — 视听器材。

二、四川长虹财务报表资料

1994—2020 年四川长虹财务数据见表 2-56。

表 2-56　1994—2020 年四川长虹财务数据　　单位:亿元

项目	1994 年	1996 年	1997 年	1998 年	2003 年	2004 年	2005 年	2010 年	2015 年	2019 年	2020 年
货币资金	1.54	3.97	10.48	9.12	11.22	20.65	12.49	102.35	102.54	194.90	198.64
应收票据	0.00	68.89	70.63	60.66	25.22	6.75	13.77	63.69	63.18	27.21	17.51
应收账款	0.00	1.62	25.51	12.04	49.85	21.80	30.85	46.24	80.33	104.80	125.63
存货净额	10.83	27.16	35.55	77.06	70.06	60.13	47.67	88.52	117.46	159.37	176.58
流动资产合计	25.16	104.61	144.41	163.43	175.37	119.12	123.29	312.80	405.30	523.37	561.42
长期股权投资	0.00	0.00	0.00	1.92	0.39	1.58	1.44	5.82	11.14	27.43	37.04
固定资产净额	0.00	0.00	0.00	0.00	29.55	28.90	26.90	83.97	58.48	74.11	80.72
无形资产净额	0.00	0.10	1.75	1.71	4.42	4.34	4.35	31.23	30.39	43.79	42.88
开发支出	0.00	0.00	0.00	0.00	0.00	0.00	0.00	2.77	2.15	4.65	4.64
非流动资产合计	5.96	10.78	23.43	25.09	38.27	37.37	34.95	132.76	150.85	216.53	224.45
资产总计	31.12	115.39	167.85	188.52	213.64	156.49	158.24	445.56	556.15	739.89	785.88
短期借款	9.37	23.31	24.78	11.53	27.06	26.70	13.05	89.25	97.60	173.19	164.03
应付票据	0.00	24.63	25.46	50.32	28.54	14.85	18.32	44.00	69.17	147.18	153.79
应付账款	1.74	10.98	10.05	11.58	21.62	16.44	19.37	65.21	81.33	95.27	132.38
预收款项	0.00	2.17	1.59	2.74	7.35	6.83	7.36	21.13	13.70	267.12	0.00
流动负债合计	13.95	65.96	77.94	78.39	80.91	59.75	57.55	236.60	341.96	495.63	542.98
长期借款	0.10	0.14	0.17	0.36	0.70	0.70	0.00	29.29	8.27	11.66	16.62
非流动负债合计	0.10	0.14	0.17	0.48	0.85	0.89	0.22	62.87	36.18	32.90	30.93
负债合计	14.05	66.10	78.11	78.87	81.75	60.64	57.77	299.47	378.14	528.54	573.91

续表

项目	1994年	1996年	1997年	1998年	2003年	2004年	2005年	2010年	2015年	2019年	2020年
实收资本（或股本）	2.38	8.09	15.30	19.89	21.64	21.64	21.64	28.47	46.16	46.16	46.16
资本公积	1.01	4.68	25.52	25.39	40.81	40.86	41.36	26.33	39.08	36.76	36.57
盈余公积	6.56	31.45	43.98	47.99	49.04	49.04	49.04	33.57	21.85	1.06	1.96
未分配利润	7.12	5.08	4.94	16.38	19.83	-16.98	-14.13	10.48	13.77	46.09	45.18
少数股东权益	0.00	0.00	0.00	0.00	0.57	1.30	2.56	47.35	56.95	81.16	81.85
所有者权益合计	17.07	49.29	89.74	109.65	131.89	95.85	100.47	146.09	178.02	211.36	211.96
营业收入	42.74	105.88	156.73	116.03	141.33	115.39	150.61	417.12	648.48	887.92	944.48
营业成本	0.00	77.53	115.75	83.98	120.83	98.87	126.19	349.06	562.53	785.69	848.08
营业税金及附加	0.00	0.33	0.37	0.43	0.07	0.18	0.33	1.97	4.36	5.07	5.72
销售费用	0.00	3.58	5.17	7.75	13.86	11.11	16.66	43.24	50.11	57.30	47.22
管理费用	0.00	3.28	1.97	2.10	4.60	40.21	3.40	16.19	28.46	16.90	14.98
财务费用	0.00	1.86	2.89	0.21	0.71	0.22	1.13	1.32	10.39	5.27	3.26
利息支出	0.00	0.00	0.00	0.00	0.00	0.00	0.00	0.00	0.00	9.04	5.76
投资收益	0.01	0.01	0.12	0.00	0.41	0.33	-1.70	-0.53	4.33	1.36	2.53	2.72
利润总额	8.32	19.63	30.51	23.29	2.67	-36.72	2.98	6.71	-14.40	6.65	4.41
净利润	7.07	16.75	26.12	20.04	2.07	-36.86	2.93	4.77	-17.25	3.34	2.35
经营活动现金净流量	0.10	0.14	0.17	0.36	0.70	0.70	0.00	29.29	8.27	15.66	13.87

案例 2-42

根据表 2-56 四川长虹财务报表及相关资料，以 2020 年度为主分析如下。

（一）2020 年度主要做了哪些事

1. 资产投资情况

2020 年，总资产投资增加了 45.99 亿元，增长率为 6.22%，其中，流动资产增加 38.05 亿元，主要增加项目为，应收账款达到 143.14 亿元，增加了 11.13 亿元，存货增加了 17.21 亿元；长期资产投资增加 7.92 亿元，主要增加项目为，固定资产增加 6.61 亿元，长期股权投资增加了 9.61 亿元。

2. 资产结构情况

公司总资产中，流动资产占比为 71.44%，固定资产占比为 10.27%，无形资产占比为 5.46%，长期股权投资占比为 4.71%。公司的资产投资主要分为以下三类。

（1）流动资产投资占公司总资产的绝对大头，说明公司 2020 年度仍然以经营为主，但在经营性资产投资中，主要是存货和应收账款。这两类资产增长较大，投资风险也增大（一是销售风险，二是信用风险）。具体情况如表 2-57 所示。

表 2-57 2019—2020 年四川长虹资产结构情况

项目	2019 年/亿元	2020 年/亿元	增加值/亿元	2020 年对应项目占公司总资产比重/%
货币资金	194.90	198.64	3.74	25.28
应收账款	132.01	143.14	11.13	18.21
应收票据	27.21	17.51	-9.7	
应收账款	104.80	125.63	20.83	
存货净额	159.37	176.58	17.21	22.47
其他	37.09	43.06	5.97	
流动资产合计	523.37	561.42	38.05	71.44
长期股权投资	27.43	37.04	9.61	4.71
固定资产净额	74.11	80.72	6.61	10.27
无形资产净额	43.79	42.88	-0.91	5.46
开发支出	4.65	4.64	-0.01	0.59
其他	66.55	59.17	-7.38	
非流动资产合计	216.53	224.45	7.92	28.56
资产总计	739.89	785.88	45.99	100.00

（2）固定资产投资，2020 年度净增加 6.61 亿元，但缺乏固定资产增加的具体内容，很难说明生产能力的提升情况。

（3）长期股权投资，2020 年度净增加 9.61 亿元，这种并购重组是否有效，有待具体分析。

3. 融资情况

2020 年度公司总融资增加了 45.99 亿元，负债增加 45.39 亿元，其中，流动负债增加了 47.36 亿元，偿还了 1.97 亿元的长期负债（见表 2-58）；由于净利润很少，股权融资增长很小。因此，四川长虹本年度主要是靠负债融资支撑的扩张。

综上所述，四川长虹 2020 年度靠流动负债融资从事生产经营活动，突出主营业务；同时增加固定资产投资，以提高生产能力；实施并购重组，扩大企业规模，从而促使总资产规模的扩张。

表 2-58 2019—2020 年四川长虹融资情况

项目	2019 年/亿元	2020 年/亿元	增加值/亿元	2020 年对应项目占公司总资产比重/%
短期借款	173.19	164.03	-9.16	20.87
应付票据	147.18	153.79	6.61	19.57
应付账款	95.27	132.38	37.11	16.84

续表

项目	2019年/亿元	2020年/亿元	增加值/亿元	2020年对应项目占公司总资产比重/%
预收款项	267.12	0	-267.12	0.00
流动负债合计	495.63	542.99	47.36	69.09
长期借款	11.66	16.62	4.96	2.11
非流动负债合计	32.90	30.93	-1.97	3.94
负债合计	528.53	573.92	45.39	73.03
实收资本（或股本）	46.16	46.16	0	5.87
资本公积	36.76	36.57	-0.19	4.65
盈余公积	1.06	1.96	0.90	0.25
未分配利润	46.09	45.18	-0.91	5.75
所有者权益合计	211.36	211.96	0.60	26.97
负债和股权合计	739.89	785.88	45.99	100

（二）这些事完成的效果如何

1. 收入层面

公司实现营业收入944.48亿元，同比增长56.56亿元（见表2-59），增长率为6.37%，与总资产增长率6.22%基本持平。公司收入构成中，以家电销售收入为主，占总收入的65.76%；其次是中间产品，占总收入的23.93%；其他业务对收入的贡献不大（见图2-61）。

表2-59 四川长虹2020年收入及其增长情况　　　　单位：亿元

项目	2019年	2020年	增加值
营业收入	887.92	944.48	56.56
营业成本	785.69	848.08	62.39
营业税金及附加	5.07	5.72	0.65
销售费用	57.30	47.22	-10.08
管理费用	16.90	14.98	-1.92
财务费用	5.27	3.26	-2.01
利息支出	9.04	5.76	-3.28

	业务名称	营业收入(元)	收入比例	营业成本(元)	成本比例	利润比例	毛利率
按行业	家电	621.10亿	65.76%	564.92亿	66.61%	58.28%	9.05%
	中间产品	226.01亿	23.93%	210.90亿	24.87%	15.67%	6.68%
	房地产	27.01亿	2.86%	19.17亿	2.26%	8.14%	29.03%
	其他业务	23.03亿	2.44%	16.20亿	1.91%	7.08%	29.65%
	特种业务	18.25亿	1.93%	12.49亿	1.47%	5.97%	31.56%
	其他	14.66亿	1.55%	10.90亿	1.29%	3.90%	25.64%
	运输	14.42亿	1.53%	13.50亿	1.59%	0.96%	6.40%
按产品	ICT产品	358.96亿	38.01%	351.10亿	41.40%	8.16%	2.19%
	中间产品	226.01亿	23.93%	210.90亿	24.87%	15.67%	6.68%
	空调冰箱	122.86亿	13.01%	96.71亿	11.40%	27.12%	21.28%
	电视	109.71亿	11.62%	92.62亿	10.92%	17.73%	15.58%
	房地产	27.01亿	2.86%	19.17亿	2.26%	8.14%	29.03%
	其他业务	23.03亿	2.44%	16.20亿	1.91%	7.08%	29.65%
	特种业务	18.25亿	1.93%	12.49亿	1.47%	5.97%	31.56%
	厨卫产品	14.85亿	1.57%	12.92亿	1.52%	2.01%	13.03%
	其他	14.66亿	1.55%	10.90亿	1.29%	3.90%	25.64%
	运输	14.42亿	1.53%	13.50亿	1.59%	0.96%	6.40%
	机顶盒	12.59亿	1.33%	10.06亿	1.19%	2.63%	20.12%
	电池	1.13亿	0.12%	8222.60万	0.10%	0.32%	27.14%
	系统工程	1.00亿	0.11%	6956.28万	0.08%	0.32%	30.53%
按地区	国内	704.87亿	74.63%	639.58亿	75.41%	67.73%	9.26%
	国外	216.58亿	22.93%	192.30亿	22.67%	25.19%	11.21%
	其他业务	23.03亿	2.44%	16.20亿	1.91%	7.08%	29.65%

图 2-61　四川长虹 2020 年收入情况一览

2. 利润层面

公司净利润仅为 2.35 亿元，净利润率仅为 0.25%，更重要的是收入增长了 6.37%，而净利润却下降了 29.64%。造成这一状况的最主要原因是成本过高，其次是费用较高。本年度期间费用较高，虽然较上年度有所下降，但仍达到 65.46 亿元，这也说明公司成本费用的管理存在较大的问题，从而导致公司经营的效果很差。

3. 股权投资

参股或控股公司：43 家，其中合并报表的有：42 家。　最新公告日期：2021-04-22

序号	关联公司名称	参控关系	参控比例	投资金额(元)	被参控公司净利润(元)	是否报表合并	被参股公司主营业务
1	四川长虹包装印务有限公司	子公司	100.00%	-	-	是	
2	四川长虹集团财务有限公司	联营企业	64.96%	-	-	-	
3	四川长虹器件科技有限公司	子公司	100.00%	-	-	是	
4	长虹顺达通科技发展有限公司	子公司	100.00%	-	-	是	
5	四川长虹技佳精工有限公司	子公司	100.00%	-	-	是	
6	四川长虹网络科技有限责任公司	子公司	100.00%	-	-	是	
7	四川长虹智慧健康科技有限公司	子公司	90.31%	-	-	是	
8	四川长虹通信科技有限公司	子公司	80.00%	-	-	是	
9	四川长虹模塑科技有限公司	子公司	100.00%	-	-	是	
10	广东长虹电子有限公司	子公司	91.00%	-	-	是	

图 2-62　2020 年四川长虹参股或控股公司一览

公司 2020 年长期股权投资达到 37.04 亿元，比上年 27.43 亿元增长了 9.61 亿元，但其投资收益仅为 2.72 亿元，比上年度增加 0.19 亿元，投资收益率仅为 7.34%，多年增加的投资收益率仅为 1.98%，可见公司股权投资的效果也很差。具体参股或控股情况如图 2-62 所示。

4. 现金流量

2020 年，经营活动产生净现金流量为 13.87 亿元，问题是当年收入比上年增长了 6.37%，而净现金流量却下降了 11.43%。

（三）完成这些事的人及其做事的理念

1. 公司长期发展的投融资思维

1994—2020 年四川长虹投融资数据如表 2-60。

表 2-60　1994—2020 年四川长虹投融资数据

项目	1994 年	1996 年	1997 年	1998 年	2003 年	2004 年	2005 年	2010 年	2015 年	2019 年	2020 年
流动资产合计/亿元	25.16	104.61	144.41	163.43	175.37	119.12	123.29	312.80	405.30	523.37	561.42
固定资产净额/亿元	0.00	0.00	0.00	0.00	29.55	28.90	26.90	83.97	58.48	74.11	80.72
无形资产净额/亿元	0.00	0.10	1.75	1.71	4.42	4.34	4.35	31.23	30.39	43.79	42.88
开发支出/亿元	0.00	0.00	0.00	0.00	0.00	0.00	0.00	2.77	2.15	4.65	4.64
长期股权投资/亿元	0.00	0.00	0.00	1.92	0.39	1.58	1.44	5.82	11.14	27.43	37.04
非流动资产合计/亿元	5.96	10.78	23.43	25.09	38.27	37.37	34.95	132.76	150.85	216.53	224.45
资产总计/亿元	31.12	115.39	167.85	188.52	213.64	156.49	158.24	445.56	556.15	739.89	785.88
流动负债合计/亿元	13.95	65.96	77.94	78.39	80.91	59.75	57.55	236.60	341.96	495.63	542.98
非流动负债合计/亿元	0.10	0.14	0.17	0.48	0.85	0.89	0.22	62.87	36.18	32.90	30.93
负债合计/亿元	14.05	66.10	78.11	78.87	81.75	60.64	57.77	299.47	378.14	528.54	573.91
所有者权益合计/亿元	17.07	49.29	89.74	109.65	131.89	95.85	100.47	146.09	178.02	211.36	211.96
营业收入/亿元	42.74	105.88	156.73	116.03	141.33	115.39	150.61	417.12	648.48	887.92	944.48
投资收益/亿元	0.01	0.01	0.12	0.41	0.33	-1.70	-0.53	4.33	1.36	2.53	2.72
净利润/亿元	7.07	16.75	26.12	20.04	2.07	-36.86	2.93	4.77	-17.25	3.34	2.35
流动资产占比/%	80.86	90.65	86.04	86.69	82.09	76.12	77.91	70.20	72.88	70.74	71.44
负债率/%	45.14	57.28	46.54	41.84	38.27	38.75	36.51	67.21	67.99	71.43	73.03
净利润率/%	16.55	15.82	16.67	17.27	1.47	-31.95	1.94	1.14	-2.66	0.38	0.25

根据表 2-60 中的主要数据分析，可以得出以下结论。

（1）资产投资的经营性。在资产构成中以流动资产为主，占比始终保持在 70%~91%，体现了公司自始至终以经营活动为主，始终突出主营业务。公司所在行业属于高度竞争性行业，而且产品的生命周期较短，但公司产品的研发创新严重不足，开发支出在 2005 年以前几乎没有，之后才逐步重视研发创新，致使公司产品的竞争力下降。

(2) 持续的资产扩张。自 1994 年公司股票上市到 2020 年，公司资产持续扩张，共扩张了 25 倍多；2004 年是公司亏损最严重的一年，亏损额达到 36.86 亿元。2004 年以前，公司负债率在 40% 左右，之后逐年提高；到 2020 年公司负债率达到了 73% 以上。由此可见，2004 年以前公司靠股权融资，2004 年以后公司靠负债融资，来支撑公司资产扩张。尽可能把公司做大是公司发展的主基调和自始至终的目标。

(3) 风险型资产扩张。具体表现在：一是成本费用较高，经营风险较大；二是高负债融资，财务风险较大。因此，总体风险较大。

(4) 无效性资产扩张。1994—2020 年，资产扩张了 25 倍多，营业收入扩张了 22 倍多；但净利润持续下降，净利润率从 16.55% 下降到 0.25%，有些年份甚至是严重亏损，比如，2004 年亏损近 37 亿元。导致亏损的原因可能有：一是产品竞争力下降，定价较低，单位边际贡献小；二是管理落后，成本费用过高。关键是这种现象仍在持续，改善无望。

(5) 缺乏战略规划管理的资产扩张。

2. 2020 年的公司运作理念

(1) 继续沿袭以前的资产扩张模式，突出经营性投资和资产扩张是这种模式的特点。

(2) 公司管理层运作理念低效。公司的发展，管理层的运作理念很重要，但就四川长虹而言，2020 年乃至以前的经营，体现不出有特色的经营理念。资产投资注重经营性资产，突出主营业务，严格讲属于谨慎性偏好；但就高经营风险和高负债率体现的高财务风险而言，又属于风险型偏好。因为，公司一直沿袭的经营特点，就是资产扩张，无论这种扩张是否有效。

(3) 公司缺乏战略规划管理理念。科学的战略规划管理，是有效的资产投资、合理的资源配置、良好的经营效益和持续增长的价值提升等多方面的有机结合。但从数据上来看，公司各项表现较差，缺乏战略规划管理理念。

3. 公司管理层分析

公司管理层，不仅是公司治理的核心，也是公司长期发展的重要决定性因素。

(四) 完成这些事的制度约束框架

公司治理的"三会"（董事会、监事会、股东大会）完整。四川长虹"三会"部分情况如图 2-63、图 2-64、图 2-65 所示。

董事长赵勇，男，1963 年 6 月生，中共党员，清华大学机械工程系压力加工专业研究生毕业，工学博士，清华大学热能及动力工程博士后，高级工程师。

董事会(9人)					监事会(5人)	高管(7人)			
序号	姓名	职务	直接持股数	间接持股数	序号	姓名	职务	直接持股数	间接持股数
1	赵勇	董事长,董事	370.6万	—	2	李伟	副董事长,董事	4万	—
3	吴定刚	董事	53.89万	—	4	杨军	董事	83.06万	—
5	胡嘉	董事	61.32万	—	6	潘晓勇	董事	51.91万	—
7	马力	独立董事	—	—	8	曲庆	独立董事	—	—
9	周静	独立董事	—	—					

图 2-63　四川长虹 2020 年董事会情况

独立董事马力，男，1973 年 9 月生，中共党员，获得了清华大学电气工程及其自动化和管理工程双学士学位、清华大学管理工程硕士学位，美国华盛顿大学奥林商学院企业管理博士学位，曾在清华大学经济管理学院任教。现任四川长虹电器股份有限公司独立董事，北京大学光华管理学院副院长、教授。

董事会(9人)	监事会(5人)				高管(7人)				
序号	姓名	职务	直接持股数	间接持股数	序号	姓名	职务	直接持股数	间接持股数
1	王悦纯	监事会主席	38.01万	—	2	范波	监事	—	—
3	程平	监事	—	—	4	刘艺	职工监事	—	—
5	王芳	职工监事	—	—					

图 2-64　四川长虹 2020 年监事会情况

监事会主席王悦纯，男，1964 年 8 月生，中共党员，北京第二外国语学院对外经济合作专业本科毕业，后取得北京光华管理学院 MBA 学位。

董事会(9人)	监事会(5人)	高管(7人)							
序号	姓名	职务	直接持股数	间接持股数	序号	姓名	职务	直接持股数	间接持股数
1	李伟	总经理	4万	—	2	赵其林	董事会秘书	—	—
3	吴定刚	副总经理	53.89万	—	4	郑光清	副总经理	118.7万	—
5	杨金	副总经理	—	—	6	黄大文	副总经理	5.6万	—
7	张晓龙	财务总监	—	—					

图 2-65　四川长虹 2020 年高级管理人员情况

总经理李伟：男，1973 年 2 月生，中共党员，中国科学技术大学高级管理人员工商管理专业毕业，硕士研究生（EMBA）。

财务总监张晓龙：男，1976 年 2 月生，硕士研究生，电子科技大学工商管理专业。

（五）这些事的完成对未来产生的影响

上述四个方面问题的讨论显示，四川长虹未来的发展前景渺茫，主要体现在以下四点。

（1）公司发展缺乏可靠的方向。公司的发展方向，在很大程度上取决于公司的产品，而四川长虹的主要产品是家电类，然而家电行业的产品种类很多，随着科技进步，消费替代加快，家电产品生命周期缩短，需要公司不断研发创新才能适应市场环境的变化，但从四川长虹开发费用的占比很低可以看出其很难有好的产品诞生，没有可靠、有良好发展前景的发展方向。这方面归属于董事长负责。

（2）公司管理水平严重低下。公司收入逐年增长，但净利润逐年下降，有时甚至出现亏损或严重亏损，说明公司成本费用过高，管理水平低下，风险较大。这方面归属于总经理负责。

（3）财务风险过高，危及公司的生存和发展。这方面归属于财务总监负责，公司的财务总监对公司能否持续发展的影响很大，应该由高素质的综合型人才担任。

（4）公司治理制度影响公司未来的发展。制度是经济增长的内生因素。

后话：财务分析新思维的全部内容，是笔者多年的研究集成，通过它可以有效地分析出公司的根本问题所在。是否有效，不妨一试。

课堂总结

1. 了解财务新思维分析方法的内容。
2. 运用此分析方法分析一例。